国学经典诵读

王菊英 编著

图书在版编目（CIP）数据

国学经典诵读/王菊英编著.—太原：山西人民出版社，2012.12
（2017.11 重印）
ISBN 978-7-203-08022-0

Ⅰ.①国… Ⅱ.①王… Ⅲ.①国学—通俗读物 Ⅳ.①Z126-49

中国版本图书馆 CIP 数据核字（2012）第 320355 号

国学经典诵读

编　　著：	王菊英
责任编辑：	吕绘元
复　　审：	刘小玲
终　　审：	阎卫斌
装帧设计：	昭惠文化
出 版 者：	山西出版传媒集团·山西人民出版社
地　　址：	太原市建设南路 21 号
邮　　编：	030012
发行营销：	0351-4922220　4955996　4956039
	0351-4922127（传真）　4956038（邮购）
天猫官网：	http://sxrmcbs.tmall.com　电话:0351-4922159
E-mail：	sxskcb@163.com　发行部
	sxskcb@126.com　总编室
网　　址：	www.sxskcb.com
经 销 者：	山西出版传媒集团·山西人民出版社
承 印 者：	山西省教育学院印刷厂
开　　本：	787mm×1092mm　1/16
印　　张：	14
字　　数：	162 千字
印　　数：	5001-8000 册
版　　次：	2012 年 12 月 第 1 版
印　　次：	2017 年 11 月 第 2 次印刷
书　　号：	ISBN 978-7-203-08022-0
定　　价：	28.00 元

如有印装质量问题请与本社联系调换

编写说明

本书是为青年学生编写的国学读本,节选了中国传统文化中最为人们所熟知的部分国学经典,希望通过对经典的学习,一方面培养学生敦厚善良的品德、积极向上的态度、好的学习和生活习惯,明白做人做事的基本道理,使学生适应社会的需要;另一方面慢慢地将中华民族的人文精神、核心价值观渗透到学生心中,并一代代传承下去,以弘扬优秀的中国传统文化,发扬民族精神。

本书以诵读为主,讲解为辅,以学生粗通渐悟为宗旨,目的是对学生今后的生活、学习、工作有所引导,所以不做过多的理论考证,有些观点采用了朱景东先生的说法,讲解时尽量把传统文化的精髓与当代学生的思想观念、价值取向结合起来,以编者现有的认识水平,尽量还原国学的本来面目,并增加了意义隽永的故事,让学生在轻松愉快的学习氛围中领悟古圣先贤的智慧。

全书共四个单元,分别为《弟子规》、《论语》节选、《大学·经》、《中庸》第一章。选择的依据是既要保持中国传统文化的精髓,又要贴近学生的学习、生活实际,且便于修养道德;每个单元都设经典诵读、注释、译文、解析、检测五个板块;采用文字与图相结合的方式,使学生不仅可以欣赏到优美的文字，而且能欣赏到精美的图，图文并茂，带给学生丰富的人生感受和审美体验。

本书虽然是为青年学生编写的国学读本，但是它也可以作为国学爱好者的入门参考，希望每位读到此书的读者都能受到思想的启迪和心灵的净化，这将是对编者最好的回报！

在本书的出版过程中，赵际滦先生、熊泽先生、高桂德先生、左建春先生、郭彪先生、樊国怀先生、张谟先生、殷雪年先生、贾斌先生、梁红萍女士等为编者提供了大量的帮助，在此表示衷心的感谢！特别感谢著名书画家高英柱先生为本书提供了大量的山水画，使本书意境幽远，锦上添花。

读者倘能以此为入门之阶，激发起内心的愤悱之情，并化为明辨是非、独立思考的动力，这就与编者编写此书的初衷不谋而合了。因时间及学识有限，本书肯定存在不少讹误与有待商榷之处，敬请各位不吝赐教。

王菊英

2017年9月

目 录

绪 论

第一单元 《弟子规》

    第一节 《弟子规》导读 …………………008

    第二节 《弟子规》原文 …………………012

    第三节 《弟子规》解读 …………………020

第二单元 《论语》节选

    第一节 《论语》导读 ……………………089

    第二节 《论语》节选五十则 ……………092

    第三节 《论语》节选一到十则解读 ……………097

    第四节 《论语》节选十一到二十则解读 ………111

    第五节 《论语》节选二十一到三十则解读 ……128

    第六节 《论语》节选三十一到四十则解读 ……143

    第七节 《论语》节选四十一到五十则解读 ……162

第三单元 《大学·经》

第一节 《大学》导读 …………………………178

第二节 《大学·经》原文 …………………………181

第三节 《大学·经》解读 …………………………182

第四单元 《中庸》第一章

第一节 《中庸》导读 …………………………197

第二节 《中庸》第一章原文 …………………………198

第三节 《中庸》第一章解读 …………………………199

附 录

经典诵读拓展训练 …………………………212

绪　论

一、我们的文化使命

近三十年来,随着经济、社会的高速发展,人们的物质生活越来越殷实,却在精神追求方面略显滞后。尤其是广大青年学生,正处于脱离父母家庭又未完全独立成熟的时期,一方面要处理个人与社会的关系,面临如何适应社会的问题,想对自身、社会、国家肩负责任,对明确、饱满的人生意义有着高度的渴望;另一方面又涉世不深,对人生、社会看法肤浅,易受各种思潮影响,对生活道路上碰到的各种困难、挫折承受力较弱,容易产生悲观失望、苦闷彷徨等情绪。当青年学生处于迷茫、困惑、纠结时期,如何为他们指引人生航向,找到稳固的精神支点,是广大教育工作者的职责。

令人欣慰的是,在市场经济大潮席卷华夏大地、西方文明和价值观充斥社会各个层面的背景下,从中央领导到知识精英,从主流媒体到广大群众都不约而同地开始对中华优秀传统文化加以关注与探索。习近平总书记深刻指出:"一个国家、民族的强盛,总是以文化兴盛为支撑的,中华民族伟大复兴需要以中华文化发展繁荣为条件。""中国传统文化博大精深,学习和掌握其中各种思想精华,对树立正确的世界观、人生观、价值观很有益处。"

那么,我们青年学生就要扎根在祖国的文化沃土上,汲取祖先数千年积累下来的智慧,自觉以传统美德律己修身。这些智慧与美德包括:道法自然、天人合一、天下为公、大同世界、自强不息、厚德载物、脚踏实地、实事求是、以德立人、以诚待人、讲信修睦、勤勉奉公……它们不仅是中华民族的宝贵财富,对全人类的生存和发展也将做出不可替代的贡献!

因此,我们的使命就是弘扬优秀的中国传统文化,重振民族精神,这既有利于民族的崛起,又能促进整个世界的文明与进步。北宋哲学家张载曾说过:"为天地立心,为生民立命,为往圣继绝学,为万世开太平。"我们作为后继者,责无旁贷,义不容辞。

二、何为国学经典

中国有着五千年的文明史,中国文化博大精深,浩如烟海,有四书五经、周易老庄,有《史记》《汉书》、唐诗宋词,还有元曲杂剧、《红楼梦》《水浒传》……各类著作数不胜数,当然也包括中国人的思维方式、生活方式、行为方式乃至娱乐方式等各种文化,这些都可称之为传统文化,然而这些并不是最重要的,整个中国文化中至关重要的是贯穿其中的民族精神!最能体现中国传统文化内在精神的当属儒、释、道三家思想,这些思想对中华民族的道德、文化、认同心理、性格形成等方面起着决定性的影响,在民族的血脉中生生不息地流淌着。能够代表这些思想的经典著作有儒家的《大学》《中庸》《论语》等,释家的《金刚经》《心经》《六祖坛经》以及道家的《道德经》等,它们有一个共同的特点,就是都阐释了宇宙人生生成变化发展的基本规律和基本准则,因而这些典籍才可称之为经典。如果把整个中国传统文化比作一棵树,国学经典就是这棵树的根,中国传统文化之所以枝繁叶茂,得益于根系的发达。那么,我们学传统文化不妨先从根学起。这些国学经典均是某个领域乃至多个领域的基本纲领,明白了根本,枝干叶果就可以推出来;同时,从国学经典里汲取一些正确的思想、观点、道理等,对错误的东西就能有识别力和抵制力。这比我们不假思索、良莠不分地随便阅读,效果要好得多。所谓"读杂书万卷,不如读经书一藏",就是这个道理。

所以大家一定要多读国学经典!

三、青年学生学习国学经典有什么意义

第一,学习国学经典能适时地树立正确的世界观、人生观、价值观。青年人处在人生的关键期,正是树立世界观、人生观、价值观的最佳时期,不接受正确的引导,错误的东西就会占据我们的头脑。国学经典中对我们有益的成分,正是需要我们借鉴、汲取和弘扬的部分,对我们的人格塑造、道德修养等有积极的作用。

第二,学习国学经典对学习各门学科都有指导作用。国学经典会为我们提供基本的世界观和方法论,不管是自然学科、人文学科、艺术类学科,还是基本技能,有了这些,许多东西就可以推导出来,活学活用。

第三,学习国学经典能开启智慧,培养人格,提升感受幸福的能力。我们常常会听到有些年轻人抱怨感受不到幸福和快乐,他们或好高骛远,或自暴自弃,或怨天尤人,或攀比浮华,部分原因就是因

为他们缺乏优秀中国传统文化的积淀，失去了精神追求的目标，多注重物质层面的享受，不会处理负面情绪，缺乏感恩的心，缺乏回报社会的观念。其实精神的提升与丰富会让我们离幸福最近。国学经典教给我们怎样用古圣先贤的智慧安顿心灵，怎样感恩回馈他人、服务社会等。学习国学经典就是在人生的关键时刻把真善美慧的种子种在我们的心田，让它生根发芽，开花结果，为我们的一生奠定幸福快乐的基础。

总之，国学经典的东西早学早受益，迟学迟受益，一辈子不学一辈子不受益。我们学习国学经典要先做到让自己的身心和谐，将来要做到家庭和睦，乃至为社会和谐、国家富强、世界和平作贡献，即古圣先贤告诉我们的格物、致知、诚意、正心、修身、齐家、治国、平天下。只待我们努力学习，弘道践行。

四、怎样学习国学经典

学习国学经典不是一朝一夕的事情，是一个常态化、循序渐进的过程，通过讲、读、背、诵相结合的方式，浸淫于中国传统文化中，步入国学经典的殿堂。

学习国学经典要求我们具体做到这四点：一要立志。现在做一个好学生，将来做一个好员工、好公民，把中华传统美德作为自己一辈子安身立命的根。二要学习有次序。把道德修养的培养作为根基，然后开启智慧，同时树立正确的生命观、价值观。三要培养好习惯。课上好好听，课下多背诵，每天早晚念，习得之后就一生都要坚持。四要力行，学以致用。一些生活习惯、德行修养的理念完全可以边学边做。我们先以儒家经典为主，一门深入，长期熏修，坚持不懈,积善成德。

特别需要指出的是,对中国优秀传统文化,我们一定要怀一颗恭敬心,"一分恭敬得一分益,十分恭敬得十分益,毫无恭敬则不得益"。学习的过程中要排除一切妄想杂念,放下已有的知见,升起一颗清净心,才能拥有真知灼见和正确的思维。好好学习国学经典,相信大家一定会受益终身!

问答

1. 如今,一些年轻人在道德信仰上存在哪些问题?你认为通过学习优秀的中国传统文化,这些问题能有所改变吗?为什么?

2. 何为国学经典?

3. 在中国传统文化中,有三家重要思想,它们分别是什么?各有哪些代表作?

4. 学习国学经典对我们青年学生有什么意义?

5. 怎样学习国学经典?

第一单元 《弟子规》

第一节 《弟子规》导读

一、《弟子规》是一部什么样的书

《弟子规》的作者李毓秀(1647—1729)[①],字子潜,山西绛州人,清康熙年间秀才,毕生研究《大学》《中庸》,著述颇多。他设立私塾,长期教书,根据传统要求,结合自己的教学经验,写成供儿童使用的启蒙读物《训蒙文》,后经贾存仁修订,更名为《弟子规》。

《弟子规》全文共一千零八十个字,以《论语·学而》中的"弟子入则孝,出则弟,谨而信,泛爱众,而亲仁。行有余力,则以学文"为总纲,采用三字一句、两句成韵的形式,押韵顺口,浅显易懂,向儿童传授言谈举止、行为规范以及待人处世的道理。《弟子规》的核心思想是"孝悌仁爱",它不仅符合当时朝廷培养人才的需要,而且也是当今培养孩子们做事懂规矩的良好教材,有着不容忽视的重要作用,同时也是人们必须研读的经典。

二、《弟子规》培养我们的哪些品德

《弟子规》总叙:"弟子规,圣人训,首孝弟,次谨信,泛爱众,而亲仁,有余力,则学文。"意思是:为人子弟的,规矩要从小养成,而这些规矩是圣人的教诲,首先在家要孝敬父母长辈,出外要友爱恭敬兄弟姐妹;其次在日常言语行为中,要小心谨慎,要讲信用;与大众相处时要平等博爱,并且亲近仁德之人,向他们学习,这些都是很重要、非做不可的事;如果还有多余的时间、精力,就应该好好学习古典文献和其他有益的知识。

通过《弟子规》总叙,我们发现《弟子规》通篇以儒学为根基,而儒家思想讲究"尽五伦","五伦"即父子有亲,君臣有义,夫妇有别,长幼有序,朋友有信。[2]"五伦"教育的根本是培养德行,具体来说,培养孩子们的八种品德:孝、悌、忠、信、礼、义、廉、耻。

孝:为会意字,由"老+子"构成。《说文解字》中说:"敬老事老曰孝。"孝是两代人之间双向的事,上一代抚养教育下一代,下一代赡养抚慰上一代。此为孝道。

悌:为会意字,由"心+弟"构成。古时候一个大家族常常上百口人住在一起,兄弟姐妹很多,他们之间要友爱恭敬和睦,相互帮助照顾;另外还有尊重长辈、长幼有序之意。此为悌道。

忠:为会意字,由"中+心"构成。真诚恭敬即为忠,心存二念则不忠,忠诚之人必尽职尽责,不忠之人则言行轻薄,多失厚重。

信:为会意字,由"人+言"构成。说出的话就要做到。民无信不立,人若无信,则无法立足于社会。与人交往,"言必信,行必果"。

礼:是人与人往来的法则。日常生活中待人接物要有规矩,懂礼节,尊重他人;社会交往中有礼仪才能秩序井然。

义:言行思虑合情、合理、合法叫作义。义是多尽义务,少讲权利。真正认识到自己的身份、所处的地位,尽职尽责,恪守本分。

廉:廉洁自律,绝不贪污受贿。管仲曰:"礼义廉耻,国之四维。四维不张,国乃灭亡。"无论是为人处事还是为社会服务,都要切记不贪不占,洁身自好。

耻：耻为耻辱，有羞耻心。孔子曰："知耻近乎勇。"常怀惭愧心，知错能改，发奋精进，戒除一切毛病坏习气，必能成就大业。相反，不知耻不改过之人，则肆无忌惮，任意而为，谁都救不了他。

如果每个人都能将这八种品德真正落实到自己的生活、学习和工作中，那么我们将会家庭幸福，学业有成，工作顺利，进而推动整个社会的安定祥和。

注 释

①据王俊闳考证，李毓秀的生卒年月是1647—1729年，享年八十三岁。还有一说是1662—1722年，享年六十一岁。

②这里"五伦"的排序出自《孟子·滕文公上》。

检 测

一、填空

1.《弟子规》的作者是_____,清康熙年间秀才,他长期教书,写成供儿童使用的启蒙读物_____,后经_____修订,更名为《弟子规》。

2.《弟子规》总叙出自《论语·学而》:"弟子_____,出则弟,_____,泛爱众,_____。行有余力,则以学文。"这篇文章向儿童传授言谈举止、_____以及待人处世的道理,其核心思想是_____。

3. 孝:为会意字,由_____构成,《说文解字》中说:"_____曰孝。"悌:为会意字,由_____构成,是说兄弟姐妹之间要_____,相互帮助照顾;另外还有尊重长辈、_____之意。

4. 忠:为会意字,由"中+心"构成,_____即为忠;信:也是会意字,由"人+言"构成,是说人说出的话要_____。

5. 礼:是_____的法则;义:言行思虑_____叫作义;廉:_____,绝不贪污受贿;耻:耻为耻辱,做人要有_____。

二、问答

《弟子规》能够培养我们的哪些品德?

第二节 《弟子规》原文

弟子规

【总 叙】

弟子规　圣人训　首孝弟①　次谨信
泛爱众　而亲仁　有余力　则学文

【入则孝】

父母呼　应勿缓　父母命　行勿懒
父母教　须敬听　父母责　须顺承
冬则温　夏则凊　晨则省　昏则定
出必告　反必面　居有常　业无变

事虽小　勿擅为　苟擅为　子道亏

物虽小　勿私藏　苟私藏　亲心伤

亲所好　力为具　亲所恶　谨为去

身有伤　贻亲忧　德有伤　贻亲羞

亲爱我　孝何难　亲憎我　孝方贤

亲有过　谏使更　怡吾色　柔吾声

谏不入　悦复谏　号泣随　挞无怨

亲有疾　药先尝　昼夜侍　不离床

丧三年　常悲咽　居处变　酒肉绝

丧尽礼　祭尽诚　事死者　如事生

【出则弟】

兄道友　弟道恭　兄弟睦　孝在中

财物轻　怨何生　言语忍　忿自泯

或饮食　或坐走　长者先　幼者后

长呼人　即代叫　人不在　己即到

称尊长　勿呼名　对尊长　勿见[2]能

路遇长　疾趋揖　长无言　退恭立

骑下马　乘下车　过犹待　百步余

长者立　幼勿坐　长者坐　命乃坐

尊长前　声要低　低不闻　却非宜

进必趋　退必迟　问起对　视勿移

事诸父　如事父　事诸兄　如事兄

【谨】

朝起早　夜眠迟　老易至　惜此时

晨必盥　兼漱口　便溺③回　辄净手

冠必正　纽必结　袜与履　俱紧切

置冠服　有定位　勿乱顿　致污秽

衣贵洁　不贵华　上循分④　下称⑤家

对饮食　勿拣择　食适可　勿过则

年方少　勿饮酒　饮酒醉　最为丑

步从容　立端正　揖深圆　拜恭敬

勿践阈⑥　勿跛倚⑦　勿箕踞⑧　勿摇髀⑨

缓揭帘　勿有声　宽转弯　勿触棱

执虚器　如执盈　入虚室　如有人

事勿忙　忙多错　勿畏难　勿轻略

斗闹场　绝勿近　邪僻事　绝勿问

将入门　问孰存　将上堂　声必扬

人问谁　对以名　吾与我　不分明

用人物　须明求　倘不问　即为偷

借人物　及时还　后有急　借不难

【信】

凡出言　信为先　诈与妄　奚可焉

话说多　不如少　惟其是　勿佞巧

奸巧语　秽污词　市井气　切戒之

见未真　勿轻言　知未的⑩　勿轻传

事非宜　勿轻诺　苟轻诺　进退错

凡道字　重且舒　勿急疾　勿模糊

彼说长　此说短　不关己　莫闲管

见人善　即思齐　纵去远　以渐跻⑪

见人恶　即内省　有则改　无加警

惟德学　惟才艺　不如人　当自砺

若衣服　若饮食　不如人　勿生戚

闻过怒　闻誉乐　损友来　益友却

闻誉恐　闻过欣　直谅士　渐相亲

无心非　名为错　有心非　名为恶

过能改　归于无　倘掩饰　增一辜

【泛爱众】

凡是人　皆须爱　天同覆　地同载

行⑫高者　名自高　人所重　非貌高

才大者　望自大　人所服　非言大

己有能　勿自私　人所能　勿轻訾⑬

勿谄富　勿骄贫　勿厌故　勿喜新

人不闲　勿事搅　人不安　勿话扰

人有短　切莫揭　人有私　切莫说

道人善　即是善　人知之　愈思勉
扬人恶　即是恶　疾之甚　祸且作
善相劝　德皆建　过不规　道两亏
凡取与　贵分晓　与宜多　取宜少
将加人　先问己　己不欲　即速已
恩欲报　怨欲忘　抱怨短　报恩长
待婢仆　身贵端　虽贵端　慈而宽
势服人　心不然　理服人　方无言

【亲仁】

同是人　类不齐　流俗众　仁者希
果仁者　人多畏　言不讳　色不媚
能亲仁　无限好　德日进　过日少
不亲仁　无限害　小人进　百事坏

【余力学文】

不力行　但学文　长浮华　成何人

但力行　不学文　任己见　昧理真

读书法　有三到　心眼口　信皆要

方读此　勿慕彼　此未终　彼勿起

宽为限　紧用功　工夫到　滞塞通

心有疑　随札记　就人问　求确义

房室清　墙壁净　几案洁　笔砚正

墨磨偏　心不端　字不敬　心先病

列典籍　有定处　读看毕　还原处

虽有急　卷束齐　有缺坏　就补之

非圣书　屏⑭勿视　蔽聪明　坏心志

勿自暴　勿自弃　圣与贤　可驯⑮致

注　释

①弟：读 tì，同"悌"。

②见：读 xiàn，同"现"。

③溺：读 niào，通"尿"。

④分：读 fèn，指身份。

⑤称：读 chèn，意为相称。

⑥阈:读 yù,意为门槛。

⑦跛倚:读 bǒ yǐ,"跛"是指一只脚斜站着;"跛倚"是指身子歪着斜倚。

⑧箕踞:读 jī jù,是指坐着时双腿叉开像簸箕的样子。

⑨摇髀:读 yáo bì,"髀"指大腿;"摇髀"是指抖腿或摇臀。

⑩的:读 dì,意为真实、确实。

⑪跻:读 jī,意为上升。

⑫行:读 xìng,意为德行。

⑬訾:读 zǐ,意为诋毁、毁谤。

⑭屏:读 bǐng,意为放弃、除去。

⑮驯:读 xún,意为逐渐。

第三节 《弟子规》解读

总 叙

弟子规　圣人训　首孝弟　次谨信
泛爱众　而亲仁　有余力　则学文

译 文

《弟子规》这本书,是依据至圣先师孔子的教诲而编成的。首先要做到孝敬父母,友爱兄弟姐妹;其次在言行上要小心谨慎,讲信用;和大众相处时要平等博爱,并且亲近有仁德的人,向他学习。如果还有多余精力的话,就应该好好学习古典文献和其他有益的知识。

入则孝

《弟子规》开篇即讲孝道,因为百善孝为先。只是这人人皆知的道理,做起来却很难,为什么这么说呢?

因为许多人还没有深刻理解孝的理念,只知道长辈、父母对我们的爱是无条件的,理所应当的。于是许多做子女的养成了衣来伸手、饭来张口,顶撞父母的坏习惯,甚至还有混迹于社会、自残轻生、弑父弑母的忤逆不孝之子，所以我们实在应该明白孝道的深刻内涵。那么，何为孝道？

"孝"字由"老+子"构成，是说上一代总是想着如何抚养教育下一代，才能对他的祖先、对社会有所交代；而下一代理应将赡养父母的责任扛在肩上，这样才能建立美满、幸福、和睦的家庭，所以孝是两代人之间互动的关系。孝道作为中国文化的根，千百年来一直是传统文化中坚守的最高美德，如今已成为中华民族精神的原动力，在中华儿女的血脉中奔流不息，它影响着千家万户，乃至千秋万代。

那么，怎样尽孝道呢？

孝道是长辈和晚辈、父母和子女之间双向的活动。作为晚辈、子女，对长辈、父母要孝其身、孝其心、孝其志，因为长辈、父母给了我们生命，对我们有养育之恩，所以我们要感恩，供养他们的身，让他们吃饱、穿暖、住舒适，生病了要给他们及时医治，这只是给他们物质上的满足，许多人仅能做到这一点，其实与真正的尽孝道还差得很远。

长辈、父母更需要精神上的抚慰。人老了，心有余而力不足，心中牵挂的事情更多了。如果不理解老人，只是嫌老人多管闲事，说话啰唆，这样很容易使老人伤感，即便给老人做再好的饮食，老人也品尝不出香甜，心情也不愉快。这就要求子女必须有好性情，光心好性情不好，孝道也尽不圆满。比如儿女出于好心，说话强硬，把父母顶撞完了，使父母心里很难过，即使是出于好心，又有什么用呢？例如一位"孝子"，给老人买来许多水果和点心，因为老人把水果分给孙子们了，儿子很生气，便把水果收到一起给扔到垃圾堆里，气得老人暗暗落泪。这样能算孝吗？说他不孝，好像冤枉了他；说他孝，竟把老人气成这样。所以缺乏心性修养的人,孝道会尽得不完美。当然,生活中大多数子女都做得很好,比如经常带孩子回到长辈、父母身边,陪他们聊聊天,让他们尽享天伦之乐;一些传统节日和老人一起过;经常带长辈、父母外出旅行;包容接纳他们的古怪脾气,不嫌老人唠叨、烦琐。所以,给老人营造一个温馨和睦、其乐融融的家庭氛围是非常必要的。

尽孝道还有更高的层次,那就是替长辈、父母完成他们未了的心愿。许多老人年轻的时候,都有过自己的志向和愿望,由于种种原因而未能实现,作为晚辈、子女,要尽量替他们完成心愿。如果老人没有心愿,那么晚辈、子女一定要好好做人,积极向上,修养自己,和睦家庭,服务社会,做一个有出息的孩子,不让父母挂念操心,这也是老人们最大的心愿。

而作为长辈、父母一定要给晚辈、子女树立榜样。大多数长辈、父母素质都很高,对晚辈、子女能倾注他们所有的爱,但总有一些父母令子女失望、伤心。比如生而不养的,生了孩子却不尽抚养义务,抛弃、虐待孩子;养而不教的,只能勉强抚养却不会教育,或根本没有教育能力;自私享乐的,只知道自己享受,不给孩子提供发展的机会;道德败坏的,沾染上黄、赌、毒等不良习气而使家庭离散,使孩子失去了正常的家庭环境;还有把子女当成赚钱工具的;等等。再孝敬的子女,也有说不的时候,只有有涵养的父母才能培养出有素质的子女。如果父母有过错,做子女的切不可心生怨恨,以怨报怨,他们毕竟给了我们生命,况且他们也是凡人,不可能事事明理,一时糊涂犯错误在所难免,绝不能求全责备。我们只需问自己孝不孝,无须问父母慈不慈,守住自己的道,不要和父母要道,自身以孝为本,本立道自然生。

父母呼　应勿缓　父母命　行勿懒
父母教　须敬听　父母责　须顺承

译文

父母呼唤,应答不能迟缓;父母指派的事情,要立刻动身去做,不可拖延偷懒。父母教导我们做人处事的道理,应该恭敬聆听;父母责备训诫时,应当虚心接受。

父母呼唤孩子,每一声呼唤里面都饱含着深情。在中国史籍当中,就记载着这样一则感人的故事。

被后世尊称为"宗圣"的曾子,春秋时期鲁国人,孔子的得意弟子,著有《大学》《孝经》等儒家经典,以孝著称。曾子少年时家贫,常进山打柴,把母亲留在家里。一天,家里突然来了个拜访曾子的客人,母亲见到有陌生人来找自己的儿子,一下子不知所措,情急之下,就咬了自己的手指。这时候在山上打柴的曾子,感觉自己的心一抽一疼的,马上想到是不是母亲有什么事?是不是母亲在叫自己?于是赶紧背着打好的柴,急匆匆地赶回家,跪问母亲:"母亲,儿子刚才心一抽一疼,是不是您老人家有什么事?"母亲就说:"刚才有客人突然来到,我不知道说什么好,又怕说得不好让人家觉得不合规矩,就只好咬着手指盼你回来。"

母子之间心灵相通,这一声呼唤,连声音都不需要。所以,孝的第一步,就是倾听父母的需要;第二步,就是尽量按照父母的需要去做,虽然不一定都做得到,但也要努力去做。

冬则温　夏则清　晨则省　昏则定
出必告　反必面　居有常　业无变

为人子女,冬天要留意父母穿的是否暖和,住的地方是否温暖("香九龄,能温席。"《三字经》);夏天要考虑父母是否感到凉爽。每天早晨起床之后,应该先探望父母,并向父母请安问好;傍晚回来,要向父母报平安。

离家外出时,必须告知父母或征得父母同意方可出门;回家后还必须面见父母,以免父母牵挂。平时起居作息(生活习惯),要保持有规律,对于所从事的职业,不要任意改变。

事虽小　勿擅为　苟擅为　子道亏
物虽小　勿私藏　苟私藏　亲心伤

纵然是小事,也不要擅自做主。如果任性而为,就有损为人子女的本分。

东西虽小,也不可以私自藏起来占为己有。如果私藏,品德就会缺失,父母知道了一定很伤心。

亲所好　力为具　亲所恶　谨为去
身有伤　贻亲忧　德有伤　贻亲羞
亲爱我　孝何难　亲憎我　孝方贤

译文

父母喜好的东西,应该尽力去准备;父母厌恶的东西,要小心谨慎地去除(包括自己的坏习惯)。

要爱护自己的身体,不要使身体轻易受到伤害,否则父母会忧虑("身体发肤,受之父母,不敢毁伤,孝之始也。"《孝经》)。要注重自己的品德修养,不可以做出伤风败俗的事,使父母蒙受耻辱。

当父母喜爱我们的时候,孝敬是件不难的事;当父母不喜欢或憎恨我们的时候,我们一如既往不改变自己的孝心,这样的孝才叫贤德。

舜是传说中的远古帝王,五帝之一,他和父亲瞽(gǔ)瞍(sǒu)、继母、继母所生的儿子象,四人组成了一个家庭。瞽瞍是个有点糊涂的人,偏听偏信,与舜的继母联合起来几次想害死舜。舜虽然尽心尽力地行孝,但常常受到父母的责难,舜没有因此而心生怨恨,反而处处检讨自己,是不是自己不够孝顺,才会给父母带来这些烦恼。有一次,舜正在修补谷仓,继母和父亲竟然在下面放火,想把他给烧死,幸好舜拿着两个斗笠从谷仓上跳了下来。还有一次,舜在挖井,父亲和继母就从上面倒土,准备把舜给活埋了,舜挖了一个通道逃掉了。即便这样,舜依然对父母非常孝顺,从没生怨恨。舜的孝行感动了天地,以至于他在厉山耕种时,几头大象竟然帮他耕地,鸟儿帮他播种。尧帝听说了舜的孝行,就把自己的两个女儿娥皇和女英都嫁给了舜,后来还把王位禅让给他。舜做了天子以后,依然对父亲和继母恭恭敬敬,恪守孝道。

所以,当父母不喜爱我们,甚至讨厌我们时,我们做子女的还是应该孝敬他们,做到以德报怨。

亲有过　谏使更　怡吾色　柔吾声
谏不入　悦复谏　号泣随　挞无怨

译　文

父母有过错的时候,应小心劝其改过向善,劝导时要和颜悦色,声音要柔和。

如果父母不听规劝,要耐心等待,等父母情绪好转或是高兴的时候,再继续劝导。

如果父母仍然不接受,甚至生气,此时我们虽难过得痛哭流涕,也要恳求父母改过,纵然遭受责打,心里也不能对父母有丝毫怨恨之心。

亲有疾　药先尝　昼夜侍　不离床
丧三年　常悲咽　居处变　酒肉绝
丧尽礼　祭尽诚　事死者　如事生

译文

父母生病时，子女要先尝尝汤药的冷热是否适中；要昼夜服侍，不离开父母床边。父母去世之后，守孝三年期间（古礼二十七个月），要常怀悲伤、感德之心，而自己的生活起居也必须调整改变，生活变得简朴，应该戒绝酒肉。

办理父母的丧事要遵照礼节（子曰："生，事之以礼；死，葬之以礼，祭之以礼。"《论语·为政》），祭拜时应诚心诚意；对待去世的父母，要如同生前一样恭敬（"祭如在，祭神如神在。"《论语·八佾》）。

汉文帝刘恒是汉高帝第三子，为薄太后所生，于公元前180年即位。他以仁孝闻天下，侍奉母亲从不懈怠。母亲卧病三年，他常常目不交睫，衣不解带；母亲所服的汤药，他亲口尝过后才放心让母亲服用。他在位二十四年，重德治，兴礼仪，大力发展农业，使西汉社会稳定，人丁兴旺，经济得到恢复和发展，他与汉景帝的统治时期被誉为"文景之治"。

众所周知，董永和七仙女的故事是一个美好爱情的故事，但这其实是一个关于孝道中"丧尽礼，祭尽诚"的故事。

董永，西汉末年千乘郡(今山东滨州、博兴和高青一带)人。董永少年丧母，为躲避战乱，逃到了今天湖北境内的安陆。很不幸，逃过去后，董永的父亲就亡故了。由于他没有钱安葬父亲，只好把自己卖给了一个富豪人家做奴仆，卖身葬父。在出工的路上，董永于槐荫树下遇见一女子，这个女子跟他讲："我也无家可归，孤苦伶仃，不如咱们俩结为夫妻吧！"于是，两人就结为夫妻。随后，这个女子用一个月的时间织成了三百匹锦缎，把董永给赎了出来。在返家时又经过槐荫树下，女子告诉董永："我是天帝之女，奉老天之命，来替你还债，因为老天觉得你是大孝子。"言毕，仙女凌空而去。

最早记载这个故事的是西汉刘向的《孝子传》，里面只有董永卖身葬父的故事，没有写到七仙女。后来加进了爱情的成分，才有了七仙女。谁编的这个故事呢？曹操的儿子曹植写了一首乐府诗，叫《灵芝篇》："董永遭家贫，父老财无遗。举假以供养，佣作致甘肥。责家填门至，不知何用归。天灵感至德，神女为秉机。"就是说，董永小时候家里很穷，长辈也没给他留下任何遗产，他经常借钱供养自己的父亲，还常去给别人打工，换点好吃的来侍奉父亲，结果弄得满屋子都是来讨债的人。因为欠了好多债，董永还不起。在这种情况下，老天被董永至高无上的孝心打动了，从天上派来个仙女，为他织布。这个故事流传到了晋、唐，人物形象越来越丰满，内容也越来越丰富。因为中国传统观念认为孝子必有好报,所以大家觉得,董永卖身葬父以后怎能没故事了呢?于是就把一些美好的意愿全部填充到这个故事里去了。

儒家治理国家、维持社会都以道德教化为基础,又以孝行为根本。所以传统观念认为"天下没有不是孝子的忠臣","自古忠臣出孝子",这是中国传统文化对孝的一种最通行的阐述和定义。

检 测

填空

1. 作为晚辈、子女,对长辈、父母怎样尽孝道?简单地说,就是要_____、_____、_____。其中,既有对长辈、父母物质上的照顾,又有_____上的抚慰,还要替父母完成未了的心愿。

2. 孝道是中国文化的根。古人云:"_____,万恶淫为首。"

3. 父母呼,_____;父母命,_____。父母教,_____;父母责,_____。

4. 要爱护自己的身体,不要使身体轻易受到伤害,否则父母会忧虑。要注重自己的品德修养,不可以做出伤风败俗的事,使父母蒙受耻辱。这句话在《弟子规》原文中是这样说的:_____。

5. 董永和七仙女的故事是一个美好爱情的故事,同时又是一个关于_____的故事,一个"_____"的故事。

6. 你认为《弟子规》中最能体现孝道的一句话是:_____。

出则弟

"弟"即"悌",包含两方面的含义:一是与兄弟姐妹相处,要友爱、恭敬、和睦、相互理解、照顾,不让家长操心;二是与长辈相处,要恭敬、礼让、谦虚,长幼有序,不可有傲慢心。孟子曾经说过:"老吾老,以及人之老;幼吾幼,以及人之幼。"(《孟子·梁惠王上》)一个人能够在家里做到友爱兄弟,在外面自然就有义;能够在家里做到尊敬长辈,在外面自然就有仁。这样的人无论走到哪里,都会赢得众人的喜欢、尊重和帮助。所以,我们发现,从小养成长幼有序的好习惯、好态度,将来便会有好的命运。

兄道友　弟道恭　兄弟睦　孝在中
财物轻　怨何生　言语忍　忿自泯

译　文

当哥哥姐姐的要友爱弟弟妹妹,做弟弟妹妹的要恭敬哥哥姐姐。兄弟姐妹能和睦相处,孝道就在其中了。

与兄弟姐妹相处不斤斤计较财物,怨恨就无从生起。言语能够包容忍让,怨恨的事情自然就会消失不生。

解　析

长幼有序是"五伦"之一,也是孝道的延续。当今社会,物欲横流,我们常会看到有些兄弟姐妹之间为争夺父母的财产大打出手,对簿公堂；还会看到有些子女赡养老人是以老人给财产为条件。这些都是大不孝的表现，令父母悲伤、蒙羞。古人云"好儿不争家中产，好女不争嫁妆衣"，真正有才干的孩子在社会上建功立业，做国家的栋梁，哪会把目光盯在家产上呢？再说父母抚养了子女，子女就应该尽赡养的义务，赡养父母是无条件的。要做到兄弟和睦，首先就应把财物方面的贪欲放下，在财物上看淡一点，兄弟之间就不可能起争执，因财产反目成仇。

所以，总结生活经验之后我们发现，如果兄弟姐妹之间发生矛盾争执，原因往往有两个：一是钱财，二是言语。《弟子规》说得非常明白："财物轻，怨何生？言语忍，忿自泯。"欲尽悌道，关键在于一个"让"字。如果大家把钱财看得轻一点，哪里还会有怨恨呢？如果大家在言语上相互忍让一点，心里的不满也就自然而然随着时间的推移逐渐消除。

再从另一方面说，兄弟姐妹之间既然对父母财物的分配很看重，那么当家之人就要努力做到公平分配。

明朝初期有一位非常著名的官员叫郑濂，是明代浙江浦江人。

郑家是一个显赫的大家族，历时宋元明三朝十五世，出仕一百七十三位官吏，无一贪赃枉法，无一不勤政廉洁，但最令世人称赞的是郑家七代同住不分家。

明太祖朱元璋听说有这么一个大家族，一千多口人同吃同住，和睦相处，其乐融融，有点不相信，就把郑濂召来，问："听说你家一千多口人都能和睦相处，而且能维持这么久,你有什么治家的法则啊?"郑濂回答:"皇上,也没什么,就是以孝义治家,臣的家族立了子孙出仕,有因为贪污受贿,臭名远扬而让公堂知晓,者生则在家谱上除名,死则牌位不许入祠堂的家规;再就是不听妇人家的言语罢了。"朱元璋一听,很高兴,就赐予他两个梨。郑濂谢了皇上的赏赐,将两个梨揣在怀中带回了家。朱元璋叫校尉暗地里跟着郑濂,看他回去有什么举动。郑濂回家后,把全家一千多口人都召集起来,一起谢恩之后,把两个梨弄碎放到两大缸清水里,大家分着喝了。校尉回去禀告朱元璋自己的所见后,朱元璋很感慨,佩服郑濂的人品,想要赏赐郑濂官职,郑濂以自己年老推辞了。明洪武十八年(1385),太祖朱元璋赐封郑家为"江南第一家",时称"义门郑氏",故又名"郑义门"。郑家被誉为中国儒家家族文化的典范。

或饮食　或坐走　长者先　幼者后
长呼人　即代叫　人不在　己即到

译文

不论用餐、就座或行走,都应该谦虚礼让,长幼有序,让年长者优先,年幼者在后。

长辈如果要找人的话,小辈应该代他去叫。如果找的那个人不在,自己应该主动询问什么事情可以做,能否帮上忙或代为转告。

称尊长　勿呼名　对尊长　勿见能

路遇长　疾趋揖　长无言　退恭立

骑下马　乘下车　过犹待　百步余

对年龄、辈分都比自己高的人,不能直呼其名;在长辈和尊长面前,不可以炫耀自己的才能。路上遇见长辈,要小步疾行,迎向长辈问好;长辈没有与小辈说话的意思,就要退避路旁,恭敬地站着让开路。

不论骑马还是乘车,路上遇见长辈均应下马或下马车问候,等长辈离去稍远后,才能重新上马或者上马车。

长者立　幼勿坐　长者坐　命乃坐

尊长前　声要低　低不闻　却非宜

进必趋　退必迟　问起对　视勿移

假如长辈站立着,小辈就不能先坐;长辈坐定以后,吩咐坐下小辈才可以坐。与长辈交谈,声音要轻柔和适中;说话的音量太小会让人听不清楚,也是不恰当的。

上前跟长辈说话的时候,应小碎步向前;退回去时,必须稍慢一些才合乎礼节。长辈问话时,眼睛不可以东张西望、左顾右盼。

事诸父　如事父　事诸兄　如事兄

译 文

对待叔叔伯伯等长辈，要如同对待自己的父亲一般孝顺恭敬；对待自己的堂兄，要如同对待自己的同胞兄长一样。

 检 测

一、填空

1. 要在一个大家庭中处理好兄弟姐妹之间的关系，有两点是非常重要的，一是"＿＿＿＿＿＿＿"，二是"＿＿＿＿＿＿＿"。（用原文回答）

2. 晚辈在长辈面前要谦虚有礼，不可以对长辈直呼其名，也不可以炫耀自己的才能，《弟子规》原文中是这样说的："＿＿＿＿＿＿＿＿＿＿＿＿＿＿＿＿＿＿＿＿＿＿＿＿＿。"

二、问答

何为悌道？你认为在生活中怎样做才能体现悌道？

谨

"谨"是指一种严谨的生活态度,含有敬、畏、恭、勤、俭等义,它提醒我们:1.语言行为要谨慎小心,尽量不要犯错;2.平时的生活、学习要养成好习惯。

朝起早　夜眠迟　老易至　惜此时
晨必盥　兼漱口　便溺回　辄净手

早上要尽量早起,晚上要适当地晚睡一点;人的一生很短暂,转眼就老了,应该珍惜现在的时光。

早晨起床后,务必洗脸、漱口;大小便后,一定要把手洗干净。

早起早睡,利于养生。现在许多人有一个坏习惯:该睡觉的时候不睡,该起床的时候不起;晚上通宵达旦地工作或消遣,白天阳光明媚,大好光阴却睡大觉。人体和大自然应该是一致的,白天含阳,晚上养阴。如果长时间阴阳颠倒,必然打乱人体生物钟,身体会出毛病不说,很容易导致抑郁症等精神类疾病。因此要告诉孩子从小养成早睡早起、按时作息的好习惯。

再说惜时。从古到今,很多有成就的人都非常珍惜时间,他们不舍得浪费一分一秒。每个人拥有的时间都是一样的,就看你会不会珍惜、利用时间。

举世闻名的发明大王爱迪生,一生有两千多项发明。他常对助手说:"人生太短暂了,要多想办法,用极少的时间办更多的事情。"

一天,爱迪生在实验室工作,他递给助手一个没上灯口的空玻璃灯泡,说:"你量量灯泡的容量。"语言刚落,他又低头工作了。

过了好半天,爱迪生问:"容量多少?"好久,没有应答。他一转头见助手正拿着软尺在测量灯泡的周长、斜度,并拿了测得的数字伏在桌上计算。爱迪生说:"时间,时间!怎么费那么多时间呢?"爱迪生走过来,拿起那个空灯泡,把里面斟满了水,交给助手,说:"把里面的水倒进量杯里,马上告诉我它的容量。"

助手立刻读出了数字。

爱迪生说:"这是多么容易的测量方法啊,它既准确又节省时间,你怎么想不到呢?还去算,那岂不是白白地浪费时间吗?"助手的脸红了。爱迪生喃喃地说:"人生太短暂了,太短暂了,要节省时间,多做事情啊!"

现代人工作变得越来越复杂而效率低下,浪费时间的表现主要有:办事拖拉、会议冗长、电话干扰、上班聊天、事情交代不清、等指示、事必躬亲、完美主义办事、主办人员迟到、同样的问题反复出现等。

珍惜光阴的人,临终前就不会懊悔、感叹一生虚度。苏联作家奥斯特洛夫斯基在《钢铁是怎样炼成的》一书中写道:"人的一生应该这样度过:当他回首往事的时候,不因虚度年华而懊悔,也不因碌碌无为而羞愧。这样,在临终的时侯,他就能够说,我的所有生命和全部精力都献给了世界上最壮丽的事业——为人类的解放而斗争。"中国古代有"少壮不努力,老大徒伤悲"的诗句。陶渊明诗云:"盛年不重来,一日难再晨。及时当勉励,岁月不待人。"

要养成勤洗手的好习惯。早晨起床后洗漱、大小便后洗手固然重要,但外出归来,比如去医院看病、坐完公交车等,第一件事情就应洗手,这样可以防止各种病毒的交叉感染。

冠必正　纽必结　袜与履　俱紧切
置冠服　有定位　勿乱顿　致污秽

帽子要戴端正,衣服扣子要扣好;袜子和鞋子都要合脚,该系带的要把它绑紧。

脱下来的衣服和帽子,要放到一个固定的地方;不能到处乱扔,以免把衣服和帽子弄脏。

一个人的装束打扮是不容忽视的细节问题,它可以透露出一个

人的气质和精神面貌。因为衣着打扮不合身份、场合而失去宝贵机会的人并不罕见。如果衣冠不整，人的精神也必然散漫，邋里邋遢，会让人变得没有自信；相反，衣冠整齐可以使人精神抖擞，产生自信心。从小养成穿着干净整洁的好习惯，是一生成功的开始。

衣贵洁　不贵华　上循分　下称家
对饮食　勿拣择　食适可　勿过则
年方少　勿饮酒　饮酒醉　最为丑

译文

穿衣服需注重整齐洁净，不必讲究昂贵、华丽；穿着应该先考虑自己的身份及场合，更要衡量家中的经济条件。

对日常饮食，不要挑三拣四；三餐要适可而止，不要暴饮暴食。

年龄还小的时候，不要像大人那样喝酒，一旦喝醉时，就会丑态百出而丢脸。

解析

关于穿衣，要朴素大方，整洁干净，符合自己的身份和所处的场合。现代人喜欢跟着时尚跑，对一些根本不适合自己的穿戴，也要跟风随大流，甚至把不修边幅、流里流气当成玩酷，一副"问题少年"的派头，让人实在不敢恭维。如果我们按照《弟子规》的要求去做，"冠必正，纽必结；袜与履，俱紧切"；"衣贵洁，不贵华；上循分，下称家"，那么，在学校里，你就会给老师留下一个非常好的印象；跟别人交往,人家会觉得你是一个有责任心的人。这些好习惯的养成会给你以后的发展带来很多好处。

关于饮食,孔子劝勉我们,"君子食无求饱",意思是说够吃就行了。老子在《道德经》中也说"圣人为腹不为目",意思是说饮食是为了吃饱肚子,不是为了满足口目。当今的许多文明病,例如糖尿病、冠心病等,多为营养过剩、营养失衡所致;还应注意不宜多食过分加工、太精致的食物。

饮食除了"勿拣择"、"食适可"之外,一个人的吃相,能够反映出这个人的修养、家教,甚至影响到他的前途命运。

> 唐肃宗李亨还是太子时,父亲对于皇位该让给哪个儿子的问题,一直举棋不定。一次,李亨和父亲一起吃饭,吃的是烤羊腿,父亲让李亨在饭桌上切羊腿。李亨把羊油沾在了手上,就随手掰了一块馍擦手。在旁边的父亲看着,心想:这样的人怎么能当皇帝呢?正要发怒,只见李亨把擦完羊油的馍放到嘴里吃了,父亲一下子转怒为喜,马上坚定了让李亨当皇帝的决心。

关于饮酒,年纪小的时候绝对不能喝酒,因为身体还没有发育成熟,对酒精的抵抗能力有限;除了身体以外,精神、意志方面的自控能力都较弱,一旦喝醉了,很有可能做出一些让人难堪的事情,甚至会造成相当严重的后果。现在世界上绝大多数国家对饮酒的年龄以及禁止卖酒给未成年人都有严格的规定,可以说全社会都应对未成年人负责。对成年人来讲,饮酒也应有一个度。

中国历史上以酒误国的事不胜枚举,且看下面一则。

春秋时期,楚共王与晋国的军队在鄢陵打了一仗,楚共王吃了败仗。为了打好下一仗,楚共王计划找一个叫子反的大司马商议应对之策。让楚共王没料到的是,左等右等连子反的人影儿都没见,原来子反酩酊大醉,来不了了,把军国大事给耽误了。楚共王只能对天徒叹奈何!

步从容　立端正　揖深圆　拜恭敬
勿践阈　勿跛倚　勿箕踞　勿摇髀

译 文

走路时,不要慌张,要从容不迫;站立时,不能歪斜,要非常端正。作揖的时候,腰要弯成一个大大的圆形;行跪拜礼时,要真诚恭敬。

进门的时候,脚不能踩在门槛上;站立时,身体不能歪歪斜斜倚靠;坐下时,不能叉开双腿,也不可抖动大腿。

解 析

古人讲,立如松,行如风,坐如钟,卧如弓。也就是我们通常所说的,站有站相,坐有坐相。从小养成得体的行为举止对一个人而言极为重要,因为这不仅是修养问题,有时候它还影响到未来的命运。古时候长辈见晚辈、老师见学生、长官见部下,第一次见面先不说话,看你一分钟。有人以为长辈、老师、长官在显示他的威严,其实不然,人家是在看你有没有教养,看你是否可以造就。曾国藩就是这样看人的,一分钟里如果你抓耳挠腮、左顾右盼、抖腿弓腰,你的前途肯定完了。当然也别给人留下傲慢、猥琐、邋遢的坏印象,这样的人谁看都不顺眼,他的人缘会很差,基本上不会成功。所以从小养成得体的行为举止,有威仪、有尊严,长大后自会受人爱戴。

  长孙俭,本名庆明,北周河南人。他年少时就很注重礼仪,即使在自己家里,也神情严肃,整天保持端庄稳重。周文帝非常敬重他,赐他改名为俭,以表扬他高洁的操守。

  长孙俭当上尚书(掌管群臣奏章的官员)后,曾和群臣一起陪侍周文帝,周文帝对左右的人说:"这位尊公举止得体,我每次和他说话,总会对他肃然起敬,深怕自己有所失态。"

  荆州(今湖南、湖北一带)刚归服时,周文帝授命长孙俭统领三荆等十二州。因为荆州是蛮荒之地,民风尚未开化,年轻人不知尊敬长辈。在长孙俭的辛勤劝导下,情况大为改观。当地官员和老百姓非常感念他,为他建清德楼,立碑赞颂他。

缓揭帘　勿有声　宽转弯　勿触棱

执虚器　如执盈　入虚室　如有人

事勿忙　忙多错　勿畏难　勿轻略

斗闹场　绝勿近　邪僻事　绝勿问

译文

进入房间时，掀帘子的动作要轻缓，不要发出声响；转弯的时候，距离要大一些，不要碰到有棱角的地方。

即使手里拿着空的器具，也要像拿装满东西的器具一样小心谨慎；进入无人的房间，也要像屋内有人一样。

做事不要急急忙忙，因为忙易出错；做事也不要畏苦怕难，不能草率应付了事。

凡是容易发生争吵打斗的不良场所、是非之地，绝对要远离；对那些见不得人的事、不正当的事，要不闻不问。

将入门　问孰存　将上堂　声必扬

人问谁　对以名　吾与我　不分明

用人物　须明求　倘不问　即为偷

借人物　及时还　后有急　借不难

译文

将要进门之前，应先问明谁在里面；进入客厅之前，应先提高声音向屋内的人打招呼。

如果屋里的人问你是谁,应该回答自己的名字;如果只回答"我",让人无法分辨"我"是谁。

借用别人的物品,一定要事先讲明,请求允许;如果事先没有征得同意,擅自取用就属于偷窃行为。

借用别人的东西,用完要赶紧归还,以后若有急用,再借就不难。

检 测

一、填空

1. "谨"是一种严谨的生活态度,含有敬、畏、恭、勤、俭等义,它提醒我们:(1)_____;(2)_____。

2. "朝起早,_____;老易至,_____。"这句话告诉我们要养成珍惜时间勤奋学习的好习惯。请你也写一句珍惜时间的格言警句:_____。

3. "衣贵洁,_____;_____,下称家。"这句话告诉我们穿衣要注重_____,不必讲究昂贵、华丽。穿着应该先考虑自己的_____,更要衡量家中的_____,这才是持家之道。

4. "年方少,_____;_____,最为丑。"是说我们未成年人不可饮酒,饮酒有害健康。

5. "_____,_____;揖深圆,拜恭敬。""勿践阈,_____;_____,_____。"告诉我们要养成举止文雅、态度谦和的好习惯。

6. "事勿忙,_____;勿畏难_____。"是说做事不要_____,_____;也不要畏苦怕难,不能_____,而要养成从容不迫、知难而上的优秀品质。

7. "斗闹场,_____;邪僻事,_____。"未成年人绝对要远离吵闹打斗的是非之地,对那些见不得人的事、不正当的事,_____。

二、问答

1. 在古人眼中,穿戴可以反映出一个人的品德和修养。那么,我们要从哪些方面注意自己的穿戴呢？

2. 古人所说的饮食习惯是指什么？在培养良好的饮食习惯方面，我们应该注意什么呢？

3. 从小养成得体的行为举止对一个人而言极为重要，因为这不仅是修养问题，有时候还影响到未来的命运。这是为什么呢？

信

"信"在《说文解字》中的解释为:"信,诚也。"古人认为诚、信是一回事。"信"也有两层含义:1.人要言而有信;2.什么话能说,什么话不能说,能说的话说到什么程度。

凡出言　信为先　诈与妄　奚可焉
话说多　不如少　惟其是　勿佞巧
奸巧语　秽污词　市井气　切戒之

开口说话,首先要讲的是诚信;说话欺骗别人或随便胡说,这怎么可以呢?

话说太多却做不到,倒不如少说一些好;说话要事实求,不要油腔滑调或讲一些花言巧语去讨好别人。

虚伪狡诈的话、下流难听的话以及粗俗的语气,一定要远离。

"凡出言,信为先",说话要讲诚信,是说话应遵循的第一条原则。

这是做人最起码的修养。现代社会最常见、最让人讨厌的就是不诚信行为,在这点上,实在应该好好学习古人的诚信。

有这么一个"同窗践约"的故事。

东汉时期,有一对同窗好友在洛阳读书,一个叫张劭,河南洛阳人;一个叫范式,江南人。两人学成后在洛阳分别,张劭含着眼泪对范式说:"今日一别,不知何时才能相见。"要知道,古时交通、通信不便,一旦分离,也许一辈子都无法相见。范式安慰张劭:"两年后中秋节那天中午,我一定到府上拜见令堂大人。"

　　两年后的中秋节到了,张劭一大早就准备好酒饭,等待范式到来。临近中午,还不见范式的影子,张劭父亲认为两家相隔千里,又只是两年前的一句话,对方未必会来。张劭却说:"范式是个讲信义的人,一定会来。"正说着,只见远处一人一骑奔来,范式果然赶在中午时分如约而至。

　　又过了几年,张劭病重,临终时决定把自己的妻儿老小托付给范式。范式没有辜负张劭的信任,他把张劭的家人当成自己的亲人一样关心照顾。范式说话讲诚信,说到做到。人常说:"相信别人是高尚的,被人相信是幸福的。"此言很是值得玩味啊!

"话说多,不如少",是说话应遵循的第二条原则。

　　孔子说过:"君子欲讷于言而敏于行。"(《论语·里仁》)意思是说,一个人说话迟钝一些,行为敏捷一些,才可称得上君子。孟子曾以苍蝇和青蛙比喻那些话多却无用之人,以雄鸡比喻话少却有用之人,因为雄鸡报晓时人就该起床了。与人谈话,能听出对方的感受和需要,不是自顾自地谈自己的感受。所以说,说话不在多,而在于精,在于是否切合实际,是否有作用。这样大家才会重视你的话,才会听你的。

什么话能说,什么话不能说,是说话应遵循的第三条原则。

比如,假话全不说,真话不全说。教育孩子不能说谎,否则"一句谎话千句补",能把自己折腾死。对病人,有时就不能把真实的病情全部讲给他听。"奸巧语,秽污词;市井气,切戒之。"溜须拍马、阿谀奉承的话,污言秽语、粗言滥语、下流肮脏的话,切不可从我们嘴里说出来。这些大多数人都能做到,但往往有些人喜欢逞能,夸夸其谈、口无遮拦,结果给自己带来了祸患。

三国时期的杨修就是这样一个人。杨修文思敏捷,才华横溢,但为人处事喜欢逞能,且口无遮拦。有一次,曹操在睡梦中误杀了身边的侍卫,人人都知道曹操疑心重而滥杀无辜,但谁也不敢捅破这层窗户纸。当这个侍卫下葬时,杨修指着他说:"不是曹丞相在睡梦中,而是你在梦中啊!"一语道破天机,毫不留情地撕下了曹操的伪装,令曹操既尴尬又恼怒。后来杨修又掺和了曹丕、曹植的世子之争。曹植与杨修均是当世才子,二人常常结伴论事,终夜不息。究竟立哪个儿子为世子,曹操一度拿不定主意。可是,杨修却坚定地站在曹植一边,替他出谋划策,帮他打压曹丕,曹操对此十分气愤。当曹操终于下定决心立曹丕为世子时,他担心杨修日后添乱,于是对杨修开了杀戒。

杨修之死,正是因为他自己不注意谨言慎行,耍小聪明,最终招致杀身之祸。

见未真　勿轻言　知未的　勿轻传
事非宜　勿轻诺　苟轻诺　进退错
凡道字　重且舒　勿急疾　勿模糊
彼说长　此说短　不关己　莫闲管

译文

任何事情在没有看到真相之前,不要随便乱讲;对事情还没有了解清楚之前,不能任意传播。别人让你做的事情如果不合适,不要轻易答应;如果信口答应了,不论做还是不做,都是你的错。

说话的时候应该口齿清楚,声音洪亮,发音舒缓;不可太急、太快,也不能含糊其词。别人说长道短,跟自己无关就不要多管闲事。

解析

不道听途说、不到处传播谣言,是说话应遵循的第四条原则。

谣言止于智者,不要被谣言所利用。古人云:"舌上有龙泉,杀人不见血。"《增广贤文》中也说:"来说是非者,便是是非人。"我们千万不要成为传播谣言的帮凶。

不合义理的事,不要轻易许诺,是说话应遵循的第五条原则。一旦许诺,做与不做都会将自己陷入非常尴尬的境地,无法脱身。

不道人长短,不揭人隐私,是说话应遵循的第六条原则。

说话的时候应该口齿清楚,声音洪亮,发音舒缓,不要着急,也不要含糊其词,是说话应遵循的第七条原则。

请看裴楷"刀下救人"的故事。

西晋时有个非常著名的大臣叫裴楷,山西闻喜人,长相帅气,还特别有风度,被当时的人称赞为"玉人"。裴楷从小学识渊博,谈吐文雅,晋武帝时被召到皇宫任执读(读皇上的诏书),因为他说话凝重舒缓,口齿伶俐,以至于"左右瞩目,听者忘倦"。

据《世说新语》记载,晋武帝登基之后,想卜卦预测西晋的命运,于是就找了个算卦的。结果算卦的算出来个"一"字。晋武帝大怒:这不是说我西晋只有一世吗?太不吉利了!说着就要把算卦的拖出去砍了。

在这千钧一发之际,只听得裴楷"重且舒"地说了一段话:"天得一以清,地得一以宁……侯王得一以为天下贞。"(何晏《老子注》)意思是说,天有道则和谐、清净,地有道则安宁、稳定,侯王您得到了"一"(即道),那是天下最大的根本!这一席话,令晋武帝龙颜大悦,不仅没杀算卦的,还给了他一笔重重的赏金,满朝上下皆大欢喜。

见人善　即思齐　纵去远　以渐跻
见人恶　即内省　有则改　无加警

译文

看见他人的优点或长处,就希望自己也能跟他一样;即便目前能力与人家相差很远,也要下定决心逐渐赶上。

看见别人的缺点或过失,就赶紧反躬自省,检讨自己是否也有这些缺失。如果自己有,就立刻改掉;如果没有,那么就要加倍警惕,以免重蹈他人覆辙。

解析

孔子曾经说过:"见贤思齐焉,见不贤而内自省也。"(《论语·里仁》)又说:"三人行,必有我师焉。择其善者而从之,其不善者而改之。"(《论语·述而》)当自己不如别人时,不要心生自卑,自暴自弃,而要寻找自己的不足之处,博采众长,补己之短,改正自己的缺点,这是最明智的;反之,只看别人的缺点、过失,把时间浪费在指责别人的不是上,或把自己的内心当成承载别人缺点、过失的垃圾桶,是最不明智的。所以,我们要正确看待他人的缺点和不足,不拿自己的长处比他人的短处,而生傲慢心,要明白"金无足赤,人无完人"。

惟德学　惟才艺　不如人　当自砺
若衣服　若饮食　不如人　勿生戚

译文

做人最重要的是品德、学问、才能、技艺,如果这些方面不如他人,就应当不断勉励自己,奋发图强。如果吃的、穿的没别人好,不要感到忧伤。

解 析

《弟子规》告诉我们，人与人之间可以比，但比的是德学、才艺等精神财富，"不如人，当自砺"，"见贤思齐"；在物质条件上攀比，衣食住行不如人则悲伤、自卑，大可不必。孩子们一旦养成物质上的攀比风气，只知道升官发财、荣华富贵，衣来伸手、饭来张口的日子很风光，不知道人生不如意事十之八九，每个人都有挫折失败或穷困窘迫的时候。很多时候，人们受内心欲望的驱使，自尊心和虚荣心不断膨胀，着了魔一般去同别人攀比。一番折腾下来，尽管博得了别人羡慕的眼光，但除了在公众场合拥有一点光鲜和热闹外，内心的疲惫只有他自己最清楚，日子过得其实并没有别人想象的那么好。一个人活在别人的标准和眼光中是一种痛苦，更是一种悲哀。物质上的东西有得必有失，过眼云烟，靠不住，只有精神上的富足才是恒久长远的。孔子经常教育弟子：人可穷，志不可穷。他曾称赞弟子颜回安贫乐道的精神："贤哉，回也！一箪食，一瓢饮，在陋巷，人不堪其忧，回也不改其乐。贤哉，回也！"（《论语·雍也》）还说"君子忧道不忧贫"（《论语·卫灵公》）。所以，富人不要凭借自己的富有看不起别人，穷人也不要因为贫穷而心生自卑，重要的是你是不是通过努力活出了真实的自我。

闻过怒　闻誉乐　损友来　益友却
闻誉恐　闻过欣　直谅士　渐相亲

译文

如果一听到别人批评自己的过错就很生气,听到别人称赞自己就非常高兴,那么逢迎讨好你的坏朋友就会来接近你,真正的良朋益友反而会逐渐疏远你。如果听到他人称赞,心里会觉得不安;当别人批评自己的缺点时,还能欣然接受,那么那些正直诚信的人就会渐渐和我们亲近,成为好朋友。

解析

前面讲,什么话能说,什么话不能说,现在又讲什么话能听,什么话不能听。大家都爱听赞美、顺耳的话,不想听批评、逆耳的话。闻过则怒几乎是一般人的常态,那么,后果就是"损友来,益友却"。所谓"损友来",就是献媚奉承、两面三刀、花言巧语的人会渐渐接近你;所谓"益友却",就是正直善良、宽容大度、见多识广的人会渐渐远离你。而有修养的人恰恰相反,听到别人赞美自己,战战兢兢,生怕名不副实;听到别人批评自己的缺点,一定要反思是否是自己的问题,如果确实是自己出了问题,那么就欣然接受,有则改之,无则加勉,并向对方表示感谢,绝不回避。慢慢地,就会给自己建立起非常和谐的人际关系,这是一笔无价的财富。因此,听到别人的批评,如何对待,可以说是人生的转折点,或许进步,或许堕落,全在自己的态度。

唐朝武则天在位时期,狄仁杰任豫州刺史。他办事公正,执法严明,受到当地百姓的交口称赞,于是,武则天把他调回京城,升任宰相。有一天,武则天对狄仁杰说:"听说你在豫州任职的时候,名声很好,政绩也很突出,但有人揭你的短,说你的坏话,你想知道此人是谁吗?"

狄仁杰回答道:"人家说我的不好,如果确实是我的过错,我愿意改正;如果陛下已经弄清楚不是我的过错,这是我的幸运。至于是谁在背后说我的不是,我不想知道,这样大家可以相处得更好些。"

武则天听后,觉得狄仁杰气量大、胸襟宽,很有政治家的风度,便更加赏识他,尊称他为"国老",并赐给他紫袍金带。

　　无心非　名为错　有心非　名为恶
　　过能改　归于无　倘掩饰　增一辜

译文

无心之过称为错,明知故犯便是罪恶。知错能改,过错就会消失;如果还说谎隐瞒过错,错上加错,就是罪加一等。

解析

不管是无心之错,还是有心之恶,错了就及时悔改。明代学者洪应明在他的《菜根谭》里写道:"弥天罪过,当不得一个悔字!"切不可死要面子活受罪。

谈到改过,有"羞耻心"是第一要素。人若只贪恋声色名利,纵情恣意,背着别人做见不得人的勾当,自以为别人不知道而自鸣得意,将渐渐变成衣冠禽兽而不自知!世界上再没有比这种行为更可耻、更羞愧的了!《中庸》上讲:"知耻近乎勇。"知耻的人会勇敢改过,然后一步步迈向圣贤的境界。

改过的第二要素,是要有"敬畏心"。敬畏天地、圣人、祖先、父母、师长等,慢慢地心中就会有责任感、使命感,做事就不会胡来,道德修养会提升得非常快。

改过的第三要素,是要有"决心"。有过错要当机立断、干脆利落,不犹豫、不等待,奋发图强,则改过迁善必可成功。

改过的方法多种多样,有从事上改的,有从理上改的,有从心上改的。不管怎样,改变自己的命运都要从改过做起。

一、填空

1. "信"也有两层含义:(1)_____;
(2)_____。

2. 成语"见贤思齐"出自《论语》中的"_____"。

3. "惟德学,惟才艺;不如人,_____。若衣服,若饮食,不如人,_____。"这段话告诉我们,人与人之间可以比,但比的是_____和_____等精神财富,不可在衣食住行等物质享受上攀比,因为物质上的东西能拥有,也能失去,唯有精神上的富足才是_____的。

4. 闻过则怒是一般人的常态,后果就是"损友来,益友却"。相反,"_____,_____;直谅士,渐相亲。"做人最难能可贵的是听到别人赞美自己,战战兢兢,生怕_____;听到批评自己缺点的话,如果确实是自己出了问题,那么就欣然接受,有则改之,_____。慢慢地,就会给自己建立起非常和谐的人际关系。

5. "_____,归于无;倘掩饰,增一辜。"善于改过是一个人最优秀的品质。改过有三大要素,分别是(1)_____;(2)_____;(3)_____。

二、理解

《信》主要总结了说话应遵循的七条原则,请你仔细阅读这部分内容,把这七条原则找出来,好好体会一下。

泛爱众

"泛爱众"这三个字的含义非常深刻,我们不能简单地从字面上理解为广泛地爱天下的大众,而应该推而广之,由爱人类到爱动物、爱植物以至于爱山河大地,爱整个宇宙。所以"泛爱众"渗透着广泛的博爱思想。西方文化强调征服、利用自然,而中国传统文化更注重人与人、人与自然的和谐相处,即"天地与我同根,万物与我一体","天人合一"的观念是生态学、环境学的最高理念。无论是对自己、对他人,还是对大自然,怀有一分敬畏感、慈爱心,那是多么真诚而崇高的智慧!

凡是人　皆须爱　天同覆　地同载

不论是什么人,我们都应该关心爱护,因为大家都生活在同一片蓝天下、同一块大地上。

一般人对自己的亲人都能做到慈爱,但对从未交往或素不相识的人,或超越时空的限制,或冲破种族的界限,不论男女老少,不分贫富贵贱,都要做到一律平等,关怀爱护,着实很难。怎么办呢?我们不妨先呼唤出每个人内心最慈爱、温情的一面。有一则"藏羚羊跪拜"的故事,非常感人。

20世纪50年代,藏北高原上有一位长发披肩、脚蹬筒靴的老猎人,以其神奇的枪法出没于青藏高原深处,他捕杀各种猎物养活自己,并常常接济贫困的朝圣者。一天大清早,老猎人从帐篷里出来,伸了伸懒腰,正准备喝一碗酥油茶,突然瞅见不远处的草坡上站着一只肥壮的藏羚羊。他眼睛一亮,这不是送上门来的猎物吗?他丝毫没有犹豫,转身回帐篷取出猎枪,瞄了起来。奇怪的是,那只藏羚羊并没有逃走,而是用乞求的眼神望着他,然后朝他所在的方向前行两步,两条前腿扑通一声跪下,两行热泪迅即从藏羚羊眼里涌出。老猎人不由得心一软,扣扳机的手松了一下。但他毕竟是猎手,扳机在他手指下还是被扣动了,枪声响起,藏羚羊栽倒在地。倒地后的藏羚羊仍是跪卧的姿势,两行泪痕了然清晰。

那天,老猎人没有像往日那样当即将猎获的藏羚羊开膛、扒皮,因为他的眼前老是浮现着那只藏羚羊奇怪的表情。他有些蹊跷,藏羚羊为什么要下跪?为什么要流泪?这情景可是他几十年狩猎生涯中唯一见到的。夜里躺在地铺上,他久久难以入眠,双手一直颤抖着。

次日,老猎人怀着忐忑不安的心情给藏羚羊开膛、扒皮,他的手仍在颤抖。藏羚羊的肚子被剖开了,老猎人吃惊地叫出了声,手中的刀掉在地上……原来在藏羚羊的肚子里,静静地卧着一只小藏羚羊,它已经成形,当然它已经死了。老猎人终于明白,原来天下所有慈母的跪拜,包括动物在内,都是神圣的。

当天,老猎人将两只藏羚羊一起掩埋了,同时被掩埋掉的还有他的猎枪。

这个故事告诉我们,动物和人一样,都有神圣的惜子之情、慈悲之心。可是有多少人从对动物的猎杀,延伸到人与人之间的竞争、国与国之间的争斗?人类争战不休,杀戮不停,灾难不止,实在应该反思!

所以说不仅人与人之间,人与一切生命之间都是休戚与共、息息相关的,伤在他的身,痛在我的心,这就是"同体大悲"。只有每个人都能广泛地爱天下的生命,整个世界才能真正和谐美好起来。

行高者　名自高　人所重　非貌高

才大者　望自大　人所服　非言大

译 文

德行高尚的人,名望自然传播得很远。人们敬重他,是因为他品行好,而不是因为他外表好看或衣服华丽。才能卓越的人,名望一定不凡;人们佩服他,是因为他有卓越的才能,而不是他会说大话,吹嘘自己。

解 析

"行高者,名自高;人所重,非貌高。"讲的就是一个人内在德行和外在容貌之间的关系。有的人容貌一般,但他的品德、才能和真诚往往更能打动人,更具魅力。

春秋末期有一个非常著名的"晏子使楚"的故事。

晏子,姓晏名婴,齐国人,长得矮小猥琐,但非常有才干,曾任齐国大夫。一次,齐王要派一个人出使楚国,挑中了晏子。楚王听说齐王派了这么一个人来,就想侮辱一下他。于是,楚王叫人在城墙下面开了个五尺来高的洞,让晏子从这个洞钻进去。晏子一看,不卑不亢地说:"这是个狗洞,不是城门。只有访问狗国,才从狗洞进去。我在这儿等一会儿,你们先去问个明白,楚国到底是个什么样的国家?"接待的人立即把晏子的话传给了楚王。楚王只好吩咐大开城门,迎接晏子。

晏子见到了楚王,楚王瞅了他一眼,冷笑一声说:"你们齐国没人了么,怎么派了你这么个人来?"晏子严肃地回答:"我们齐国派使节有个规矩,访问上等国家派上等人去,访问下等国家派下等人去。我在齐国最不中用,所以被派到这儿来了。"

楚王安排酒席招待晏子。正当他们吃得高兴时,有两个武士押着一个囚犯从堂下走过。楚王看见了,问他们:

"那个囚犯犯了什么罪?他是哪里人?"武士回答说:"犯了盗窃罪,是齐国人。"楚王笑嘻嘻地对晏子说:"你们齐国人怎么这样没出息,做出这种事?"楚国的大臣们听了,都得意扬扬地笑起来,以为这一下肯定让晏子丢尽了脸。哪知晏子面不改色,站起来,说:"大王怎么不知道啊?淮南的柑橘,又大又甜。可是橘树一种到淮北,就只能结出又小又苦的枳,还不是因为水土不同吗?同样的道理,齐国人在齐国能安居乐业,好好劳动,一到楚国,就做起盗贼来了,也许是两国的水土不同吧。"楚王听了,只好赔不是说:"我原来想取笑大夫,想不到反让大夫给取笑了。"

从此以后,楚王再也不敢不尊重晏子了。

"才大者,望自大;人所服,非言大。"真正有才华的人,名望自然会大起来,别人信服的,绝不是他说过的大话。

大家都知道唐朝大诗人杜甫,却不知道杜甫的爷爷杜审言。杜审言是个怎样的人呢?他是个非常有才华的人,唐朝的科举很难考,杜审言二十多岁就考取了进士,连女皇武则天都非常欣赏他的诗文。但他恃才傲物,谁都瞧不起,经常说大话。有一次,跟他齐名的"文章四友"中的苏味道写了一道判词,就是今天法院的布告、判决书之类。那判词写得很好,但是杜审言看了一眼却说:"味道将死。"别人一听吓坏了,怎么会呢?苏先生身体很好啊!杜审言说:"如果让我写这判词,苏味道看见会羞死的。"

他还经常说自己的文章写得好,要是做官,屈原、宋玉也只配给他打下手;说起书法呢,王羲之看到他都得磕头。直到临死前,杜审言还说了这样的话:"我死了你们应该很庆幸,因为我活着一天就压着你们一天,你们没法出头。只不过我不甘心啊,因为没人有本事接我的班啊!"

这样妄自尊大的人即使有真才实学,也因为过分骄傲和固执而可惜了才华。

己有能　勿自私　人所能　勿轻訾

勿谄富　勿骄贫　勿厌故　勿喜新

人不闲　勿事搅　人不安　勿话扰

译文

自己有能力,不要自私自利地只顾自己,不肯帮助别人;别人有才能,不能说人家的坏话。

不要去讨好巴结有钱人,也不要用骄傲的态度对待穷人;不要喜新厌旧,讨厌旧东西或者亲人故友而只喜欢新东西或新朋友。别人正在忙碌时,不要去打扰他;当别人心情不好时,不要说太多的话而干扰他。

解析

"己有能,勿自私",多数人都能做到;"人所能,勿轻訾",对于别人的才华,能做到不嫉妒、不毁谤的人,实在难得!这就需要我们有宽广的心胸和成人之美的德行。现在的人往往是恨人有,笑人无。天底下人多了,总有一样才能、品质是你不具备的,如此嫉贤妒能,能过得舒心吗?这种心态实在要不得。相反,儒家思想特别提倡"己欲立而立人,己欲达而达人"的宽广胸怀。同时,谄富骄贫的势利小人也是儒家思想极力反对的。《论语·学而》记载,子贡问老师:"贫而无谄,富而无骄,何如?"孔子回答说:"可也,未若贫而乐,富而好礼者也。"自古以来,有多少人能做到清贫而快乐、富有而不傲慢的?恰恰相反,贫穷的低三下四,奴颜婢膝,巴结权贵;富有的骄横跋扈,为富不仁,这样的人比比皆是。《弟子规》在这里特别教育我们从小要养成服务他人、不嫉贤妒能的美德;同时告诉我们做人要有骨气,不趋炎附势,不喜新厌旧,也不轻易打搅扰乱他人。这些如何才能做到呢?把精神追求超越于物质之上,这些修养自然就能提升起来。

人有短　切莫揭　人有私　切莫说
道人善　即是善　人知之　愈思勉
扬人恶　即是恶　疾之甚　祸且作
善相劝　德皆建　过不规　道两亏

译文

别人的缺点,不要去揭穿;知道了他人的秘密,切忌到处张扬。赞美他人的善行就是行善,当对方听到你的称赞之后,必定会更加自勉而行善。到处说别人的过失或缺点,就是一种不好的行为;若对方知道你这样过分地批评指责他,就会给自己招来灾祸。朋友之间应互相勉励向善,这样良好品德才能共同养成;如果发现朋友犯了错,你却不指正他,这样就会有损于彼此的品行。

"人有短,切莫揭;人有私,切莫说。"每个人都有自尊,都要面子,我们自己不想受到伤害、侮辱,那就不要这样对待别人。尤其在公众场合,忌讳评判一个人的长相、穿着打扮,如胖瘦、高低、美丑等;也忌讳评价一个人的行为、品质;更忌讳到处传播他人隐私。有智慧的人绝不会做这种既伤和气又失厚道的傻事。除非是他人的善行和长处,可以称赞和宣扬,这样无论是对自己、对听者,还是对被说的人,都是一种勉励。

"扬人恶,即是恶;疾之甚,祸且作。"古人讲"口为祸福之门",常常讲人家的过失,张扬人家的恶事,刚开始可能是因为一念私心,想要贬低、打击别人,久而久之习惯了,动不动就说人家的过失,有时甚至是在谈笑之间,自己都没有觉察到,就跟很多人结了怨,最后遭人报复的时候,自己都不知道是怎么回事。所以古人以"静坐常思己过,闲谈莫论人非"来警惕自己。孔门四科有德行、言语、政事、文学,可见言语之重要性。口过之患、扬恶之害足以酿成滔天大祸,不可不慎!

凡取与　贵分晓　与宜多　取宜少
将加人　先问己　己不欲　即速已
恩欲报　怨欲忘　报怨短　报恩长

译　文

凡是向人拿东西或给人东西,最重要的是清算账;给别人的东西应该多些,自己拿的应该少些。

事情加到别人身上之前(要托人办事),先要问自己喜欢不喜欢;如果连自己都不想那样做,就要立刻停止。

得到别人的恩惠,要记得报答,对别人的怨恨要忘掉;抱怨别人怨恨别人的时间要短,报答别人恩德的时间要长。

解　析

关于取与,老子在《道德经》中这样说:"将欲取之,必固与之。"要想摘取树上的果实,必先栽树、浇水、施肥;要想在工作上干出成绩,必先付出心血和汗水;要想得到别人的帮助,必先去帮助别人;要想得到别人的爱,必先去爱别人。我们往往是先得到了别人的关爱,再去补偿、报答,这样会很被动,要变被动为主动。

取和与的度怎么把握、怎么处理?《弟子规》告诉我们"凡取与,贵分晓;与宜多,取宜少"。与人交往,无论物质还是精神,都应舍多取少,这样就慢慢地培养了我们乐善好施的好品德。但这样做是不是吃亏了?绝对不是。因为人人都不想欠人情,当你投之以桃时,对方必然报之以李,这是人之常情。况且有时对方给我们的回报会远远高出我们的预想。所以我们大可不必斤斤计较,放下得失只管付出就是了。

东汉时会稽(今浙江绍兴)太守刘宠,在任期间勤政爱民,惩治贪官污吏,深受当地百姓爱戴。后来,刘宠被征召回京,百姓非常舍不得,准备送一些钱财表表心意,他们哭着说:"从您来了之后,我们才过上好日子,现在您要走了,我们也不敢挽留,只是我们自愿凑了这点小钱,请您一定要收下,不然我们不放您走!"刘宠实在拒绝不了,就象征性地拿了一枚钱币留作纪念。行至西小江的时候,他把这枚钱币扔到江中,以示还给会稽。接着,令人称奇的一幕发生了,原本浑浊的江水变得清澈起来。后来,人们为了纪念这位勤政廉洁的太守,就把那条江叫作钱清江。

如果付出少,索取多,就会逐渐养成自私贪婪的坏品德。

清朝大贪官和珅,做官二十年,每年贪污受贿高达四千万两白银,总资产达八亿两白银之多,相当于国库收入的十倍,简直可以称作"富可敌十国"。但在他五十岁时被嘉庆皇帝宣布二十大罪状,赐死于狱中,家产悉被抄没,到头来只落了个身败名裂、自掘坟墓的下场。

所以,一个人要想得到幸福,贪欲就不能太多,付出才是幸福的真谛。

关于待人之道,"己所不欲,勿施于人",这句话已经成为世界上所有文化乃至联合国都认同的一条基本原则,被称为"黄金法则"。

关于恩怨,古人云:"受人滴水之恩,当以涌泉相报。"这一生有恩于我们的人不知有多少,想想父母的养育之恩、国家赋予我们的国土之恩、师长的教诲之恩、人们努力生产给予我们的衣食住行之恩等,我们又能够感恩回馈多少呢?另一方面,人与人之间难免会发生冲突,如果我们常常把怨恨记在心上,长此下去,会给自己的身心带来无穷的痛苦。常言道:"可恶之人必有可怜之处。"原谅别人的同时也就原谅了自己,带着怨恨生活的人注定是不幸福的。从一定意义上讲,还要感谢那些给我们带来逆境的人。

我们经常听到这样的话——凡事感谢:

感谢伤害你的人,因为他磨炼了你的心志;

感谢欺骗你的人,因为他增进了你的智慧;

感谢中伤你的人,因为他砥砺了你的人格;

感谢鞭打你的人,因为他激发了你的斗志;

感谢遗弃你的人,因为他教导你学会独立;

感谢绊倒你的人,因为他强化了你的双腿;

感谢斥责你的人,因为他提醒了你的缺点。

凡事感谢,学会感谢,感谢一切使你成长的人!

所以《弟子规》告诫我们"恩欲报,怨欲忘;报怨短,报恩长"。

待婢仆　身贵端　虽贵端　慈而宽
势服人　心不然　理服人　方无言

对待家中役使的婢女与男仆,最要紧的是自己的品行端正无私;虽然品行端正很重要,但是也要仁慈宽厚,不可严苛。如果用权势强逼别人顺从,对方心里一定很不服气;唯有以理服人,这样才不会引起任何的议论和不平之鸣。

这里讲的是对待下属之道。孔子说:"其身正,不令而行;其身不正,虽令不从。"(《论语·子路》)就是说在上位的领导、长辈自身做事正当,不用命令,底下的人自然会照做。如果自身做事不正当,即使你发号施令,下属也不会服从。现代社会许多人推崇西方的管理思想,强调机制、信息、网络化管理等,而不知管理的最根本就是以人为本,能以德来引导人,使其工作自动自发自觉,就是最高级的管理方法。做领导的若能体会下属之劳苦,常常勉励关怀,以理服人,以情感人,必能得其忠心。

所以,上下级关系应当建立在彼此信任与相互尊重的基础上,唯有这样,才能和睦共事,成就事业。

检 测

填空

1. "泛爱众"渗透着广泛的"_____"思想。"天同覆,_____。"天地间所滋生的万物,包括人类在内,都要相亲相爱,共生共荣。

2. "行高者,_____。""才大者,_____。"告诉我们要做一个受人钦佩的德高望重之人。

3. "己有能,_____;人所能,_____。""_____,勿骄贫;_____,勿喜新。"教育我们从小养成为他人服务不嫉贤妒能的美德。同时告诉我们做人要有骨气,不要_____,不要_____,把对精神的追求超越于物质之上。

4. 《弟子规》里要我们常常称赞他人善行以自勉,不可宣扬他人恶行,招致祸患。原文是这样说的:"_____;_____。"

5. "将加人,先问己;己不欲,即速已。"此语出自《论语》"_____,_____。"

6. "恩欲____,怨欲____;报怨____,报恩____。"让我们学会放宽心胸,报恩忘怨。

亲 仁

"亲仁"一方面是亲近仁德之人,即亲近有道德、有学问、有人生境界、有情操的人。比如,选择一位好老师,他会帮我们指引人生道路,聆听他的教诲,我们会少走许多弯路;选择一个好同学,能够彼此相互提携、相互提醒。仁德之人往往宅心仁厚,处处谦卑,以身作则,跟他们在一起,能使我们得到幸福的人生、成功的事业以至修养出圣贤的人品。"亲仁"还有另外一层意义,就是如果我们暂时没遇到仁德之人,怎么办?那就先亲近经典,受经典的熏陶,按圣人说的话去做,效果是一样的。

同是人　类不齐　流俗众　仁者希
果仁者　人多畏　言不讳　色不媚
能亲仁　无限好　德日进　过日少
不亲仁　无限害　小人进　百事坏

译文

同样都是人类,但是性情不相同,大多数都是平凡的人,真正德行仁厚高尚的人是非常稀少的。如果是真正仁德宽厚的人,大家自然敬畏他,因为他不会说奉承、谄媚的话去讨好别人。

能够接近仁德宽厚的人,好处非常多,他会使我们的德行一天比一天进步,过错一天天减少。如果不肯接近仁德之人,就会有无穷的祸害,因为那些品德恶劣的小人就会趁虚而入接近我们,无形中使我们受到不良影响,我们的品行将逐渐败坏,不管做什么事都会失败。

解析

"能亲仁,无限好;德日进,过日少。不亲仁,无限害;小人进,百事坏。"说得真是太好了!历史上有一位非常著名的人物,春秋五霸中的第一位霸主齐桓公,他的一生正好印证了这句话。

齐桓公(前716—前643),姓姜,名小白,是姜太公的后代。齐桓公做齐国国君的前期,任用管仲为相。管仲是一位了不起的政治家、军事家、理财家,他选贤任能,加强武备,发展生产,使得齐国国力逐渐强盛。齐桓公在管仲的辅佐下,成就了霸业。

功成名就的齐桓公,荒淫享乐之心渐起,开始喜欢那些奸佞小人。他手下有三个大臣,分别名叫易牙、竖刁和开方。易牙,烹调行业一般都尊他为祖师。他"以调和侍公",以烹调的美味侍奉齐桓公,无以复加。有一天,易牙又去侍候齐桓公,问:"您还有什么美味没尝过啊?"齐桓公说:"什么肉我都吃过了,只有人肉没吃过。"易牙回去就把自己三岁的儿子给蒸了,齐桓公觉得口感异常鲜美。易牙赶紧说:"这是我儿子的肉,我听说忠臣不顾惜他的家人,所以奉献给国君。"

竖刁,是齐桓公最亲信的宦官。他本来不是宦官,为了能贴身服侍齐桓公,自己把自己给阉割了。而开方为了献媚齐桓公,到处网罗美女,歌舞升平,侍奉齐桓公不离左右,与自己的父母十五年都不见一面,父母去世都不回来奔丧,表面忠信,实则惦记王位。

齐桓公四十一年(前645),大臣管仲病危,齐桓公就问:"群臣当中,谁能代替您做相国?"管仲怎么敢先推荐人呢?齐桓公问:"易牙如何?"管仲说:"杀掉自己的孩子来讨好国君,不合人情,不可以。"齐桓公又问:"竖刁如何?"管仲答:"阉割自己来讨好君主,不合人情。""那开方呢?""背弃亲人来讨好国君,不合人情,也不行。"齐桓公问:"这三个人在我身边很久了,您从前怎么不提醒我?"管仲说:"国君应该有他的私生活,否则当国君便没有丝毫乐趣了,但这些癖好必须不干扰到国家大事。我死之前,还可以防着他们;我死之后,恐怕他们会像洪水一样溃决。"

但齐桓公终究没有听管仲的话,还是朝夕不离这三个奸佞小人。

两年后,齐桓公病重。齐桓公有五个儿子,已经立姜昭为太子。竖刁、易牙决定杀掉太子姜昭,拥立齐桓公的另一个儿子姜无亏继位,这样他们就可以顺理成章取得宰相的高位。于是他们下令禁止任何人出入齐桓公的寝宫,并把左右服侍的人全部逐走。三天之后,齐桓公仍然没死,易牙、竖刁就在寝宫四周筑起围墙,隔绝内外,齐桓公最终饿死在病榻上。齐桓公的尸体被撂了六十七天,腐烂生蛆,直到蛆虫爬出围墙之外,人们才知道国君已死。

竖刁、易牙谋杀太子姜昭未遂,太子逃到了宋国。竖刁、易牙拥立姜无亏,开方拥立姜潘,剩下的两个儿子姜商人、姜元,也自称国君。四位国君都说自己是合法继承人,在首都临淄厮杀混战,一直战到第二年宋国军队护送太子姜昭回国,战乱才算结束,齐国的霸权也终告结束。这就是齐桓公亲小人的后果。

古人讲:"近朱者赤,近墨者黑。"(西晋·傅玄《太子少傅箴》)"亲仁"这一条就是要告诫我们一日也不可远离良师益友,不可远离圣贤教诲,不可远离经典,同样不能靠近无德小人。只有这样,日积月累,我们的德行学养才会与日俱增,过错才会与日俱减。

填空

1."亲仁"一方面是亲近_____;另一方面是亲近_____ _____。

2."能亲仁,无限好;_____,_____。""不亲仁,无限害;_____,_____。"告诉我们一定要亲仁修德,远离无德小人。

余力学文

《弟子规》的作者在给孩子们编写这部启蒙读物时,用心良苦,特意把"孝、悌、谨、信、泛爱众、亲仁"放在前边,是为了强调德行教育的重要性,并让孩子们养成良好的生活习惯。如果孩子们还有多余的精力,就学一学古典文献,长些才能,做到德才兼备,长大了才能成为对社会有用的人才。

不力行　但学文　长浮华　成何人
但力行　不学文　任己见　昧理真

凡事没有身体力行去做,只是学习书本上的知识而不懂得应用,那太不切实际了,将来长大后不知道会变成一个什么样的人。但是如果只会一味地盲目做事,不学习书本知识,这样就会自以为是,反而不能明白真正的道理。

这段话告诉我们,学习文化典籍很重要,但一定要解行相应,"知行合一",切不可埋头读死书,死搬教条。孟子曾说过:"尽信书,则不如无书。""纸上谈兵"的故事就告诉我们读死书有多么严重的后果。

战国时,赵国有个大将赵奢,曾立下赫赫战功。他有个儿子叫赵括,熟读兵书,但有一点跟赵奢不太一样,那就是他只是书本知识学得好,说起打仗来只会夸夸其谈,根本没有实战经验。

公元前259年,秦军又来进攻赵国。当时赵奢已经去世,赵军由老将廉颇指挥。廉颇擅长坚守,秦国拿他没办法,就使出了反间计。秦国派人散布谣言,说秦军最害怕的将领是赵括。赵王听信了谣言,任命赵括为大将,换下了廉颇。结果因为赵括只会纸上谈兵,造成了赵军惨败,四十万赵军被秦军坑杀殆尽,赵括自己也被弩箭射死。

还有一则关于郑板桥的故事。

郑板桥是"扬州八怪"里边最有名的一个。他老来得子,非常喜爱这个儿子,但对儿子从不溺爱,要求儿子不要只顾埋头读死书,而要在读书、学问以外掌握一些基本的生活技能,不能四体不勤,五谷不分。可是儿子不理解父亲的苦心,总是不愿意去学。

郑板桥非常着急,他担心自己将来去世了,儿子无法自立,但又想不出什么好办法。临终前,郑板桥把儿子叫到病床边,说:"我快不行了,现在我只有一个愿望,我想吃你亲手做的馒头。"这个儿子虽然平时不怎么听话,却很爱自己的父亲。为了满足父亲的愿望,他急忙跑去请教厨师怎么和面、怎么蒸馒头。等费了九牛二虎之力，把馒头蒸好了端上来的时候，郑板桥已经去世了。郑板桥死前硬撑着给儿子留下了几句话："淌自己汗，吃自己饭，自己事情自己干。不靠老天，不靠祖宗，才算真正好汉。"伤心的儿子一下子明白了过来，父亲其实并不是真的想吃馒头，只是为了最后教他这样一个道理，让他真正明白掌握一些生活技能有多么重要。

另一方面，《弟子规》又特别强调："但力行，不学文；任己见，昧理真。"只顾实践，不读书，一味地按自己的主观见解行事，有时连最基本的道理都不知道。通俗地讲，就是只顾低头拉车，不顾抬头看路，走得越快，离目标就越远。

读书法　有三到　心眼口　信皆要
方读此　勿慕彼　此未终　彼勿起
宽为限　紧用功　工夫到　滞塞通
心有疑　随札记　就人问　求确义

译　文

读书的方法要注重"三到"，心到、眼到、口到，这"三到"真的都很重要。正在读这本书，不要又想着读另一本；这本书还没读完，不要又开始读另一本。

在订读书计划的时候，不妨宽松一些，实际执行时，就要加紧用功;下的工夫够了,原先困顿疑惑之处自然而然就会迎刃而解。

求学当中,心里有疑问,应随时做笔记;一有机会,就找人请教,弄明白它正确的意思。

解析

"读书法,有三到;心眼口,信皆要。"这是非常著名的"读书三到"。孩子的本性就是好动,见异思迁,喜新厌旧。通过"读书三到"让孩子养成专注的好习惯。排除杂念,眼睛紧紧盯着书本,调动全身的注意力,高声朗读,这样不仅能享受文章的音韵之美,而且能大大提高读书效率,对孩子将来做事专心致志、善始善终极有好处。

"方读此,勿慕彼;此未终,彼勿起。"这也是关于读书习惯的。一本书还没读完,就惦记着另外一本书;那本书只读了个开头,就把它放到一边,再去看另一本。古人把这种读书方法叫作"杀书头",一本书刚读了个开头就不读了,好比把这本书的头给杀掉了。不要以为这是小事,它很容易让人养成浮躁的坏毛病。有的人也许会问,"杀书头"不就是泛读吗?其实,这是一种误解。泛读是一种阅读能力,是对整本书进行快速浏览。在刚开始读书时应该提倡精读,从头到尾读完一本书,随着读书能力的增加,慢慢地就会锻炼出泛读的能力。所以在刚开始读书的时候,我们更提倡精读,这样才能培养孩子们坚韧不拔的学风和持之以恒的毅力。

"心有疑,随札记;就人问,求确义。"古人读书时,没有今天这么好的条件,不像我们可以随时拿起电话问老师、问同学,或上网查阅。所以一旦有读不懂的地方,就得赶快记在小本子上,准备随时随地请教别人。一般人往往好面子,向与自己身份、地位、学问相当或比自己高的人请教还行,如果是向身份、地位、学问不如自己的人请教呢?许多人都觉得丢不起这个面子。《论语·公冶长》里有一段对话:"子贡问曰:'孔文子何以谓之文也?'子曰:'敏而好学,不耻下问,是以谓之文也。'"孔文子原名孔圉(yǔ),卫国人,属于士阶层,孔子居卫时与孔圉交往过,对孔圉印象不错。子贡问此问题时,孔圉已去世,谥号为"文"。子贡不理解,问:"孔文子凭什么被谥文呢?"老师回答说:"他办事勤勉,爱学习,不以向不如自己的人请教为耻,所以给他谥号为'文'。"这就是成语"不耻下问"的来历。人人都有长处,只要能从别人那里得到启发,有所提高,不管对方年长年幼、地位高低,都是我们的老师,古人所说的"能者为师"就是这个道理。

房室清　墙壁净　几案洁　笔砚正
墨磨偏　心不端　字不敬　心先病
列典籍　有定处　读看毕　还原处
虽有急　卷束齐　有缺坏　就补之
非圣书　屏勿视　蔽聪明　坏心志
勿自暴　勿自弃　圣与贤　可驯致

译文

书房要经常整理清洁,墙壁要保持干净;大小书桌要洁净无垢,桌子上的笔墨纸砚要放置整齐。磨墨的时候要专心一意,如果心不在焉,墨就会磨偏;写字的时候态度不够端正,信笔涂鸦,就说明你的心性有了瑕疵。

各种书籍应分类,排列整齐,放在固定的位置,读诵完毕须归还原处,以方便日后取阅。虽有急事,也要把书籍整理好后再离开;书籍有缺页或破损就要马上修补好,不然时间一长就会忘掉,修补起来也就困难多了。

不是传述圣贤言行的书籍,应该摒弃不看,以免智慧遭受蒙蔽,损害了你的心志。遇到困难或挫折的时候,不要自暴自弃;圣贤的境界虽高,但循序渐进,我们同样也可以达到。

解析

"房室清,墙壁净;几案洁,笔砚正。"要保持自己读书的房间清爽整洁,墙壁干净,书桌上的文具摆放得井然有序,因为环境清静是静心读书的前提。从小养成在清洁的环境中读书的好习惯,长大了做事就不会手忙脚乱、进退失据。

东汉时有个叫陈蕃的人,曾任桓帝朝太尉、灵帝时太傅。他十五岁时,独自居住在一个庭院读书,只专心于书册典籍,无暇他顾,因此庭院杂草丛生。一天,他父亲的一位老朋友薛勤来拜访,看到荒芜的院子,就对陈蕃说:"孺子何不洒扫以待宾客?"陈蕃当即回答:"大丈夫处事当扫除天下,安事一室乎?"薛勤暗自惊异,知他有大志,非常器重,于是奉劝说:"一屋不扫,何以扫天下?"意在激励他力争完美,从小事、身边事做起。

陈蕃听后恍然大悟。从那以后，他把自己的庭院打扫得干干净净，把读书的几案整理得井井有条，养成了有条不紊的好习惯，最终有了后来的大成就。

"墨磨偏，心不端；字不敬，心先病。"这一句看起来是说写字，其实是告诉我们怎样通过写字达到修身养性的目的。汉字是中华文明的重要载体，是华夏子孙传古颂今的宝贵财富。在写字之前，要让孩子们对文字升起一种恭敬心。古人说："意在笔先"，"心正则笔正。"字如其人，若一个人写字不认真，写得乱七八糟、歪七扭八，说明他做人做事也不认真、没规矩，心情浮躁。所以，写字一定要恭敬、端正，久而久之，就会养成一种恭敬、端正的人生态度。

"列典籍，有定处；读看毕，还原处。虽有急，卷束齐；有缺坏，就补之。"这是指对书籍的态度。放置典籍或读完之后，排列整齐放在原处，下次再看时很快就可以找到。哪怕碰到急事要离开，也应该把书卷好、扎好。古人一书难求，故有修补之举。有时一本书可能传一两百年，几代人读，如果损坏了不及时修补，大家就没书可读了。今天虽然得到书比古代容易得多，但也要存着一份恭敬心爱惜书籍。轻轻地翻阅，不可粗鲁，也不要在书里乱画，把书涂得脏兮兮的。我们从爱惜书籍中慢慢养成稳重安详的好品质。

"非圣书，屏勿视；蔽聪明，坏心志。"本世纪被称为信息爆炸的时代，书刊、电视、网络等各种媒体狂轰滥炸，令人目不暇接。但并不是信息掌握得越多就越聪明，人生就越幸福。这些信息中一部分是有用的，一部分是无用的，还有一部分是有害的。孩子们的心田如春天的土壤，需要大量的种子萌芽生长，而小孩子根本没有识别力,往往良莠不分,一概接受。一旦那些不健康的内容注入头脑,孩子们的智慧就会被遮蔽,心性就会被污染,志气就会被消磨,好端端的孩子很有可能就成了社会的危险品。因此,作为家长,首先要有良好的家风,然后还要经常查看孩子是否正在接触不健康的东西。要让孩子养成读纸质书的好习惯,而且尽量读一些经得起时间考验的经典书籍,因为电子信息在头脑中停留的时间短暂,既不利于孩子写作能力的培养,又不利于高尚品德的修养。

"勿自暴,勿自弃;圣与贤,可驯致。"这句话是《弟子规》最后的总结。每个人一生中都会遇到挫折和困难,不能遭遇一些险阻,就自暴自弃,说"我不行了"、"我做不成了"、"我不干了"、"我就这样了"等丧气话,千万不要自己把自己给打倒。只要我们奋发向上,不怕挫折,把失败当作成功之母,循序渐进,每个人都会接近自己心目中的圣贤!

西汉著名的史学家司马迁(前145—前87?),因替李陵辩解而被汉武帝处以宫刑,曾一度心灰意冷,但经过痛苦的思想挣扎之后,他终于走出了心灵的困境。

他在《太史公自序》一文中写道:"昔西伯拘羑(yǒu)里,演周易;孔子厄陈、蔡,作春秋;屈原放逐,著离骚;左丘失明,厥有国语;孙子膑脚,而论兵法;不韦迁蜀,世传吕览;韩非囚秦,说难、孤愤;诗三百篇,大抵贤圣发愤之所为作也。"意思是说:从前周文王被拘在羑里(今河南汤阴县一带),推演出《周易》;孔子被困在陈、蔡之间,写了《春秋》;屈原被放逐到江南,著有《离骚》;左丘明失明后,编撰了《国语》；孙膑被剔去膝盖骨，自作《兵法》；吕不韦流放到蜀地，世上流传他的《吕氏春秋》；韩非子被关押到秦国的大牢，才著有《说难》《孤愤》；《诗经》三百篇，大多是古圣先贤发愤之所为。

司马迁在遭受了酷刑的痛苦与耻辱后，没有自暴自弃，而是最终写出了"究天人之际，通古今之变，成一家之言"的史学巨著《史记》，被鲁迅先生誉为"史家之绝唱，无韵之离骚"。

检 测

一、填空

1. 《弟子规》把"余力学文"放在最后,是告诉我们学习_____很重要。

2. 把"力行"和"学文"结合起来,_____,才能真正提升自己的修养。

3. "读书法,有三到;_____,信皆要。"是告诉我们要养成读书_____的好习惯。

4. 子贡问曰:"孔文子何以谓之文也?"子曰:"_____,_____,是以谓之文也。"

5. "墨磨偏,_____;字不敬,_____"通过写字达到修身养性的目的,慢慢地养成做人做事恭敬、端正的人生态度。

6. "非圣书,屏勿视;_____,_____。"不健康的书刊、信息会遮蔽孩子们的_____,污染孩子们的_____,消磨孩子们的志气,因此一定要远离,要读书就读一些经得起时间考验的_____。

7. "勿自暴,勿自弃;_____,可驯致。"只要我们不自暴自弃,精进不懈地修养自己,每个人都会接近自己心目中的圣贤!

二、问答

1. 《弟子规》为什么告诉我们要有余力才学文呢?难道还有比学习知识更重要的事情吗?

2.《弟子规》对我们的读书方法和态度提出了哪些要求?

3.我们真的可以接近自己心目中的圣贤吗?

第二单元 《论语》节选

第一节 《论语》导读

一、《论语》是一部什么样的书

在中国传统文化中,儒家思想占有很重的分量,而在儒家思想中,又以《论语》为最。那么,《论语》是一部什么样的书呢?

《论语》是记录孔子及其弟子言行的语录体散文,由孔子的弟子及再传弟子共同完成。全书共二十篇四百九十二章,以仁、礼为核心,涉及政治、经济、文学、教育、礼仪、天道观、认识论等方面的内容,没有进行严格的分类。全书将孔子的政治主张、伦理思想、道德修养、教育原则,用凝练、生动的语言充分表现了出来。从西汉开始的历朝历代,《论语》都被统治者所推崇,对中华民族性格的形成产生了极大的影响。

孔子(前551—前479),名丘,字仲尼,春秋时鲁国陬邑(今山东曲阜)人,儒家学派集大成者,我国伟大的思想家、政治家、教育家,声名远播海外。自汉代以后,被历朝历代的人们尊奉为"至圣先师"。孔子出身于一个没落的贵族家庭,父亲叔梁纥为宋国大将军,母亲颜征在通礼仪,童年的孔子接受了良好的家庭启蒙教育。在孔子三岁时父亲去世,十七岁时母亲去世,所以孔子很早就经受了困苦的磨炼。他二十岁以后曾做过仓库管理员、操办婚丧的司仪等,三十岁前后开始创办私学,设馆授徒,五十二岁时任鲁国的司寇,后由司寇行摄相事。由于季氏在鲁国专权，他无法实现自己的政治理想，于是他开始了长达十四年周游列国的生涯，希望诸侯国国君能接受他恢复周礼、施行仁政的主张，不要再发动劳民伤财、生灵涂炭的战争，而是要建立一个和平安宁的"大同世界"，但没有一个国君肯接受他的思想。孔子晚年返回鲁国，继续从事教育事业，培养了颜渊、闵子骞、子贡、子路、冉有、子游、子夏、曾子等一大批才艺出众的弟子，同时编修"六艺"，整理古典文献，为传承发展中国传统文化作出了巨大贡献。他不但是中华民族的千秋伟人、万世师表，世世代代的中国人景仰他、感激他，而且还受到世界人民的崇敬，被称为世界四大圣哲之一（德国著名哲学家雅斯贝尔斯把孔子和苏格拉底、释迦牟尼、耶稣并称为"四大圣人"）。

二、《论语》这部儒家经典的思想精髓是什么

《论语》的思想精髓可以概括为："天人合一"、生生不息的宇宙观，以仁为本、重义轻利的人文情怀，修己安人、内圣外王的人生追求，诚正中和、儒雅君子的人格理想，忠孝宽恕、穷达忧乐的处世之道。

问答

1. 《论语》是一部什么样的书?

2. 怎样评价孔子?

3. 《论语》这部儒家经典的思想精髓是什么?

第二节 《论语》节选五十则

1.子曰:"学而时习之,不亦说乎?有朋自远方来,不亦乐乎?人不知而不愠,不亦君子乎?"

2.子曰:"巧言令色,鲜矣仁。"

3.曾子曰:"吾日三省吾身:为人谋而不忠乎?与朋友交而不信乎?传不习乎?"

4.子曰:"弟子入则孝,出则弟,谨而信,泛爱众,而亲仁;行有余力,则以学文。"

5.曾子曰:"慎终追远,民德归厚矣。"

6.子曰:"君子食无求饱,居无求安,敏于事而慎于言,就有道而正焉,可谓好学也已。"(以上六则选自《论语·学而》)

7.子曰:"为政以德,譬如北辰,居其所而众星共之。"

8.子曰:"吾十有五而志于学,三十而立,四十而不惑,五十而知天命,六十而耳顺,七十而从心所欲,不踰矩。"

9.子游问孝。子曰:"今之孝者,是谓能养。至于犬马,皆能有养。不敬,何以别乎?"(以上三则选自《论语·为政》)

10.子曰:"里仁为美。择不处仁,焉得知?"

11.子曰:"朝闻道,夕死可矣。"

12.子曰:"参乎!吾道一以贯之。"曾子曰:"唯。"子出,门人问曰:"何谓也?"曾子曰:"夫子之道,忠恕而已矣。"

13.子曰:"父母之年,不可不知也。一则以喜,一则以惧。"

14.子曰:"德不孤,必有邻。"(以上五则选自《论语·里仁》)

15.哀公问:"弟子孰为好学?"孔子对曰:"有颜回者好学,不迁怒,不贰过。不幸短命死矣。今也则亡,未闻好学者也。"

16.子曰:"贤哉,回也!一箪食,一瓢饮,在陋巷,人不堪其忧,回也不改其乐。贤哉,回也!"

17.子谓子夏曰:"女为君子儒,无为小人儒。"

18.子曰:"质胜文则野,文胜质则史。文质彬彬,然后君子。"

19.子曰:"知之者不如好之者,好之者不如乐之者。"

20.子曰:"知者乐水,仁者乐山。知者动,仁者静。知者乐,仁者寿。"

21.子贡曰:"如有博施于民而能济众,何如？可谓仁乎？"子曰:"何事于仁？必也圣乎！尧舜其犹病诸！夫仁者,己欲立而立人,己欲达而达人。能近取譬,可谓仁之方也已。"(以上七则选自《论语·雍也》)

22.子曰:"德之不修,学之不讲,闻义不能徙,不善不能改,是吾忧也。"

23.子曰:"志于道,据于德,依于仁,游于艺。"

24.子曰:"饭疏食,饮水,曲肱而枕之,乐亦在其中矣。不义而富且贵,于我如浮云。"

25.子曰:"君子坦荡荡,小人长戚戚。"(以上四则选自《论语·述而》)

26.曾子曰:"士不可以不弘毅,任重而道远。仁以为己任,不亦重乎？死而后已,不亦远乎？"(《论语·泰伯》)

27.子绝四:毋意,毋必,毋固,毋我。

28.子畏于匡,曰:"文王既没,文不在兹乎？天之将丧斯文也,后死者不得与于斯文也;天之未丧斯文也,匡人其如予何？"

29.子曰:"三军可夺帅也,匹夫不可夺志也。"

30.子曰:"岁寒,然后知松柏之后凋也。"

31.子曰:"知者不惑,仁者不忧,勇者不惧。"(以上五则选自《论语·子罕》)

32.仲弓问仁。子曰:"出门如见大宾,使民如承大祭。己所不欲,勿施于人。在邦无怨,在家无怨。"仲弓曰:"雍虽不敏,请事斯语矣。"

33.子曰:"听讼,吾犹人也。必也使无讼乎!"

34.子曰:"君子成人之美,不成人之恶。小人反是。"(以上三则选自《论语·颜渊》)

35.子夏为莒父宰,问政。子曰:"无欲速,无见小利。欲速则不达,见小利则大事不成。"(《论语·子路》)

36.子曰:"古之学者为己,今之学者为人。"

37.子曰:"不患人之不己知,患其不能也。"

38.或曰:"以德报怨,何如?"子曰:"何以报德?以直报怨,以德报德。"

39.子曰:"莫我知也夫!"子贡曰:"何为其莫知子也?"子曰:"不怨天,不尤人,下学而上达。知我者其天乎!"

40.子路问君子。子曰:"修己以敬。"曰:"如斯而已乎?"曰:"修己以安人。"曰:"如斯而已乎?"曰:"修己以安百姓。修己以安百姓,尧舜其犹病诸!"(以上五则选自《论语·宪问》)

41.子曰:"躬自厚而薄责于人,则远怨矣。"

42.子曰:"君子求诸己,小人求诸人。"

43.子贡问曰:"有一言而可以终身行之者乎?"子曰:"其恕乎!己所不欲,勿施于人。"

44.子曰:"巧言乱德。小不忍,则乱大谋。"(以上四则选自《论语·卫灵公》)

45.孔子曰:"君子有三戒:少之时,血气未定,戒之在色;及其壮也,血气方刚,戒之在斗;及其老也,血气既衰,戒之在得。"

46.孔子曰:"君子有三畏:畏天命,畏大人,畏圣人之言。小人不知天命而不畏也,狎大人,侮圣人之言。"

47.孔子曰:"生而知之者,上也;学而知之者,次也;困而学之,又其次也;困而不学,民斯为下矣。"(以上三则选自《论语·季氏》)

48.子曰:"唯女子与小人为难养也。近之则不孙,远之则怨。"(《论语·阳货》)

49.子夏曰:"博学而笃志,切问而近思,仁在其中矣。"(《论语·子张》)

50.孔子曰:"不知命,无以为君子也;不知礼,无以立也;不知言,无以知人也。"(《论语·尧曰》)

第三节 《论语》节选一到十则解读

1.子①曰:"学②而时习③之,不亦说④乎?有朋自远方来,不亦乐乎?人不知而不愠⑤,不亦君子乎?"

注 释

①子:中国古代对有地位有学问的男子的尊称。《论语》中"子曰"都是指孔子说。

②学:这里主要是指学习"六艺"(礼、乐、射、御、书、数),并从"六艺"中提升出一定的道。

③习:练习、实践。

④说:同"悦",喜悦。

⑤愠:生气、怨恨。

译 文

孔子说:"学了,又经常实践它,不也是很高兴的事吗?有朋友从远方来,不也是快乐的事吗?人家不了解我,我不怨恨他,不也是君子吗?"

解析

　　这段话是孔子毕生为学自述。孔子"十有五而志于学",三十岁左右开始办私学,十多年贫居不仕,孜孜以求培养学生,其思想与人格逐渐走向成熟,私学规模获得了很大发展,又有众多远方诸侯国的弟子前来求学,产生了广泛的社会影响,到"五十而知天命"之后,达到"人不知而不愠"的境界。

　　那么这段话谈的就是为学的三个境界:1.经过长时间的切磋学习,师生间都渐渐尝到了学习的乐趣,内心无比喜悦。2.有一群志同道合的朋友从远方来追随自己,是一件多么快乐的事! 3.别人不了解自己,自己并不生气,也不怨恨,这才是真正的君子。

2.子曰:"巧言令色,鲜矣仁。"

译文

　　孔子说:"花言巧语、伪装和善的人,是很少有仁德的。"

解析

　　生活中有许多心怀叵测的人,讲起仁义道德头头是道,内心却很虚伪,大奸若忠,巧言令色。儒学特别强调仁德,对于花言巧语的人,我们一方面要心存戒备,另一方面切记不做这样的人。

　　这句话还有一层含义,就是"真诚的虚伪"。生活中经常看到有些人脸色很温和,态度很谦恭,行为很庄重,时常表现出对他人的关爱和尊重,不过那些都不是发自内心的,而是装出来的。靠伪装赢得别人的关爱、尊重或感激。这种模仿圣贤的伪善竟也被许多人当作儒家思想的精华,殊不知儒家思想是反对这种"真诚的虚伪"的,因为它不是真正的仁德。

做人要表里如一,真诚地面对自己,不自欺,不欺人,如实地表达内心的感受,才是君子。

3.曾子①曰:"吾日三省②吾身:为人谋而不忠乎?与朋友交而不信乎?传不习乎?"

①曾子:姓曾名参,字子舆,鲁国人,比孔子小四十六岁,是孔子的得意门生之一,以孝行著称。孔子的孙子孔伋(字子思)是曾子的学生,而被尊为"亚圣"的孟子又是子思门人的学生,此为"思孟学派",深得孔学真传。这中间正是曾参对孔孟之道的传承作出了特殊贡献。

②三省:多次反省。

曾子说:"我每天多次反省自己:为别人做事竭尽全力了吗?与朋友交往不讲信用了吗?老师传授的学业实践过了吗?"

解析

  这段话提醒我们：1.学会经常反省自己，哪怕做不到每天多次反省，也要每天一次或几天一次，养成反省的好习惯非常有利于自我成长。2.曾子在这里强调了忠、信、行，另外还有孝，这些都是孔子教学的主要内容，在忠信上做事是底线。

  反省是一个人进步的阶梯，一个遇事懂得自我反省的人，才能在成长之路上走得更加顺畅。

  民国时期著名的学者胡适，五岁时父亲就不幸病逝了，从此，母亲冯顺弟担起了教育子女的重任。胡适的父亲生前曾做过台湾省台东直隶州知州，学养很深，他经常教妻子读儒家的书，冯顺弟将丈夫的教诲牢牢记在心中。通过学习，她深谙反省对于一个人的重要性。每天临睡前，冯顺弟便坐在床沿上，叫儿子胡适站在床前学古人"三省吾身"——今日做错了什么事，说错了什么话，该完成的学习任务是否已完成等。冯顺弟在督促胡适"三省"之后，又对儿子讲述他父亲生前的种种优点，说："你总要跟得上你父亲的脚步，他是一个完全的好人。你要学他，不要给他丢脸。"那一刻，胡适在心里暗暗下定决心，要好好听母亲的话，给父亲也给母亲争口气。

  从小养成自我反省的好习惯，使得胡适一步步走向了人生的高峰。他二十岁时考取了赴美官费留学的资格，师从美国实用主义哲学代表人物杜威;二十七岁获哲学博士学位,毕业回国后,任北大教授;四十八岁时任国民政府驻美国大使;五十五岁时任北大校长,在史学、文学和哲学等方面均有建树。

4.子曰:"弟子入则孝,出则弟,谨而信,泛爱众,而亲仁;行有余力,则以学文。"

孔子说:"为人子弟的,在家要孝顺父母,出外要尊敬兄长,说话做事要讲究信用,广泛爱护大众,亲近仁德之人。这样做了以后,如果还有多余的精力,就用来学习古典文献。"

《弟子规》总叙就出自这段话。前半部分强调修德,后半部分强调学文化、长才干,而且修德以尽孝道为根本,所以内容排序有讲究,主次不要打乱。

5.曾子曰:"慎终①追远②,民德归厚矣。"

①慎终:办理父母的丧事要慎重尽礼。终,人死为终,这里指父母的去世。

②追远:祭祀祖先要尽心诚意。

曾子说:"谨慎办理父母的丧事,祭祀追念久逝的祖先,老百姓的道德风尚就会日趋忠厚了。"

无论是办理丧事的慎重还是祭祀祖先的诚意,儒家思想都希望人们能把握住礼和仁两个中心。外礼(人文)内仁(人性),由礼归仁,是孔子创造性的理论贡献,并以此为人道之本,教化民心。但今天的人们在丧葬祭祀方面已经失去了传统文化中原有的内涵,过分随意、不庄重,且铺张浪费,"慎终追远"的人文精神被严重异化,所以民风渐渐地不再淳厚。

6.子曰:"君子食无求饱,居无求安,敏于事而慎于言,就有道而正焉①,可谓好学也已。"

①就有道而正焉:接近有道德的人,改正自己的错误。

孔子说:"君子在饮食上不追求饱足,居处上不追求安逸,做事要敏捷,说话要谨慎,接近有道德的人,改正自己的错误。这就可称

得上好学之人。"

解析

孔子认为,君子不能过分强调物质生活上的享受,而要追求精神上的升华。同时,孔子告诉我们好学并不只是对书面知识的钻研、读死书,而主要指德行修养的提升。和孔子一样,明代宋濂正是这样的好学之人。

宋濂(1310—1381),字景濂,浙江潜溪(今浙江金华)人,很有学问。明太祖朱元璋起用他做翰林院学士承旨,当时朝廷上的重要文案几乎都是他写的。他编修过《元史》,著有《宋学士文集》,在当时被人们誉为"开国文臣之首"。

宋濂的学问和才干是从哪里来的呢?宋濂从小就特别爱学习、好钻研。那时候家里穷,没钱买书,他只好到有书人的家里去借;借来以后,就抓紧时间抄写,以便按约定时间送还。

有时天气特别冷,砚里的墨汁都冻成了冰,手指也冻得弯不过来,但他还是赶着抄写,不敢有半点懈怠。每次抄写完总是赶快把书送还,绝对不敢超过约定的还书时间。因为他守信用,所以好多人都肯把书借给他看,他也因此能够遍览群书。

到了成年,他更加羡慕学者们的成就和品德,想学更多的东西,但苦于没有好的老师指导,也没有好的朋友互相切磋,于是他只好赶到百里之外,找有名望的老师请教……求教的时候,要背上书籍和行李,爬高山,越深谷。那时天气寒冷极了,刮着大风,飘着大雪,脚下的积雪有好几尺深,脚被冻得裂开口也全然不知。赶到学舍时,他已冻得四肢僵硬,动弹不得。服侍他的人给他端来热水烫洗,又给他身上蒙上被子,好长时间才算暖和过来。

住不起学校,他便和一个穷店主一起吃住,一天吃两顿饭,见不着鱼肉。和他一起学习的人都穿着绣花的绸缎衣服,戴着镶嵌珠宝的帽子,腰里系着白玉环,左边佩戴着宝刀,打扮得光彩照人,而他却穿着旧衣破袍,夹杂在这些阔学生中间。但他从来没羡慕过这些人,因为他有了学到知识的极大乐趣,什么吃的不如人呀,穿的不如人呀,根本不去理会了……

7.子曰:"为政以德①,譬如北辰②,居其所③而众星共④之。"

注 释

①德:指围绕仁道、"五伦"的运作而教化人民。

②北辰:北斗星。

③所:处所、位置。

④共:同"拱"。

孔子说:"用德行来治理国家,就像天上的北斗星,安稳地坐在自己的位置上,众多的星星都环绕着它。"

在孔子看来,政治是道德的一部分,一个凭仁慈感召而颇具人格魅力的统治者,必能赢得众星捧月般的拥戴,成就一统天下的王者事业。这样的观点对不对呢?对,但很难实现。因为到了春秋时期,没有一个统治者能达到孔子的这种标准。所以孔子所谓的"仁政"几乎是乌托邦式的理想。以德为政,还要配之法律等,不能只靠道德。

8.子曰:"吾十有五而志于学,三十而立①,四十而不惑②,五十而知天命③,六十而耳顺④,七十而从心所欲,不踰矩⑤。"

①三十而立:到三十岁时能够自立处事,并找到了自己立身的道德准则——礼和仁,即精神自立。

②四十而不惑:到四十岁时对外界一切事物都能明白通达,内心能立能守,不再疑惑。

③五十而知天命:到五十岁时明白了天道,也明白了自己的人生使命——传道,这一使命与天道相合。司马迁对孔子的"知天命"境界非常仰慕,赞叹道:"高山仰止,景行行止。虽不能至,然心乡往之。"

④六十而耳顺：到六十岁时听到各种不同的意见，都能正确对待，不感到违逆不顺。

⑤不踰矩："踰"同"逾"。不踰矩，就是用中庸之道处理问题，游刃有余，不会超越规矩。

孔子说："我十五岁立志学习，到三十岁便能自立处事，到四十岁不再迷惑，到五十岁能明白自己的命运，到六十岁听到各种言论都不会感到违逆不顺，到七十岁便随心所欲，不会超越规矩了。"

从孔子对自己一生的总结中，我们可以得到以下启示：1.学习不仅仅是对知识技能的掌握，还要提升到道的境界。2.人的立身处世不仅仅指成家立业，更在于道德的立身。3.人生要有使命感，不能随波逐流。4.做人做事一定要守住中庸之道，才有可能达到自由自在的超然境界。

9.子游①问孝。子曰："今之孝者，是谓能养。至于犬马，皆能有养。不敬，何以别乎？"

①子游：姓言名偃，字子游，吴国人，比孔子小四十五岁，是孔门

晚期杰出的弟子之一,以精通古典文献著称。孔子去世后子游设教授徒,他的后学者在战国后期形成了儒家的一个门派。

译文

子游向孔子问什么是孝道。孔子说:"如今所谓的孝,是说能养活父母就行,其实连犬马都能得到饲养。如果对父母不敬,那和饲养犬马有什么区别呢?"

解析

孝是儒家思想修养的根本。关于孝的问题,孔子在不同的时间和场合给不同的弟子以不同的答案。孔子为什么给了子游这样的回答?可能子游在给父母尽孝时,只注重了物质上的赡养,忽视了精神上的抚慰,而这正是今天许多子女在尽孝时出现的问题。曾有一则公益广告将此意阐发得淋漓尽致:一位年迈的母亲在中秋节之际精心准备了饭菜,满心欢喜地等待儿女们归来,最终却只等来了儿女们的电话,顿时神情落寞,那夜一个人孤零零地守着电视,昏昏欲睡……充裕的物质生活只是表面现象,老人甘愿每天粗茶淡饭,要的只是儿女能够常回家陪伴。这不由得让人想起一首老歌《常回家看看》,每一句歌词都是那样的平凡普通,却唱出了每个人心中最柔软的地方,也唱出了所有为人父母和为人子女的心声。

10.子曰:"里仁为美。择不处①仁,焉得知②?"

①处:用作名词,住所。
②知:同"智"。

孔子说:"居住的地方以有仁德之风为最好,选择的住处没有仁德之风,怎么能说是明智的呢?"

选择一个环境优美的地方居住,这是人人都会想到的。但能考虑到居住地的仁德之风,不容易。更难能可贵的是,将自己的心灵安住在仁德的精神境界,才是真正意义上的"里仁为美",如此,生命才是庄严美好的。

检 测

一、填空

1. 孔子教育弟子学习"六艺","六艺"是指_____、_____、_____、_____、_____、_____。

2. 子曰:"吾十有五而_____,三十而____,四十而_____,五十而_____,六十而_____,七十而_____。"

3. 从节选的第一则《论语》中,我们理解了孔子所说的为学,有三个境界:(1)_____;(2)_____;(3)_____。

4. "里仁为美",是说选择住处不仅要考虑环境的优美,还要考虑到居住地的_____,更重要的是将自己的心灵安住在____的境界,如此,生命才是庄严美好的。

二、问答

1. 孔子不赞成"巧言令色"的人,喜欢"敏于事而慎于言"的人,你从他说过的哪些话中能体会到?

2. 曾子曰:"吾日三省吾身:为人谋而不忠乎?与朋友交而不信乎?传不习乎?"这段话给我们哪些启示?

3."慎终追远,民德归厚矣"的含义是什么？为什么这样说？

4.孔子认为的好学精神只是对书面知识的钻研吗？还应具备什么？

5.子游问孝。子曰："今之孝者,是谓能养。至于犬马,皆能有养。不敬,何以别乎？"孔子为什么给了子游这样的回答？

第四节 《论语》节选十一到二十则解读

11.子曰:"朝闻道,夕死可矣。"

孔子说:"早上听到了真理,就是晚上死去也可以无憾了。"

人生短暂,能在有生之年得闻正法,实属不易。孔子的这句话正说明了人生闻道的不易。古往今来有多少仁人志士舍身求法,感人至深。

下面我们来看一则"慧可断臂求法"的故事。

南朝梁武帝时,禅宗初祖达摩和尚从天竺来到中国。因与梁武帝法缘不合,达摩渡过长江,进入北魏的河南嵩山少林寺,然后面壁而坐,精神集中,屏息诸缘。

寺里有位叫神光的禅僧,幼年出家,通晓佛典,一心想求正法而无门,此时已四十岁。他听说从天竺来了一位高僧,就站在达摩门外,一动不动。当时已是寒冬,天降大雪,神光整整站了一个通宵,被大雪埋了半个身子。达摩见状,问:"你一直站在雪中,究竟有什么心愿?"

神光答:"但愿师父打开甘露之门拯救众生,请教我佛法吧。"

达摩道:"诸佛为求无上的悟道,不惜花费无限时间去修行。你凭极小的决心,就想求大法,我想你是很难如愿的。"

神光闻此言后,用刀自断左臂,奉献达摩座前。达摩感其赤诚,收他为传法弟子,并赐法名慧可。慧可得达摩真传,后为禅宗二祖,他在少林寺养伤的住所和石台,就是二祖庵和养臂台,至今遗迹仍存。

本来道不远人,它就在我们的日常生活中,可惜常人慧根浅薄,一辈子浑浑噩噩不能闻之,实属遗憾!

12.子曰:"参①乎!吾道一以贯②之。"曾子曰:"唯。"子出,门人③问曰:"何谓也?"曾子曰:"夫子之道,忠恕而已矣。"

注释

①参:指曾参。

②贯:贯穿,以绳穿物,统一连贯。

③门人:孔子的学生。

译文

孔子说:"曾参啊,我的思想是用一个根本的观点贯穿起来的。"

曾子说:"是的。"孔子出去后,其他学生问道:"这是什么意思?"曾子说:"老师的思想,就是忠恕之道罢了。"

解析

　　曾子对孔子的道能当下心领神会,因此无须再问。其他的学生则不知,问曾子是什么意思,曾子勉强对曰:"夫子之道,忠恕而已矣。"忠恕:中心曰忠,如心曰恕,就是将心比心,推己及人;就是人同此心,心同此理。看见他人的痛苦就是自己的痛苦,看见他人的快乐就是自己的快乐,看见他人的错误就是自己的错误。这种对他人感同身受的移情的理解就是"镜子原理"。我们常人往往压根儿不知道自己的缺点、问题,用他人的毛病缺点反观自照,尤其是看见对面人的负面情绪如怒恨怨恼烦,其实就是自己的怒恨怨恼烦。这时候你就想:所有的人、事物都是为我而来的,不是冲我而来的,这样就会心生感恩。那么许多不如意的人、事物根本不需要顶撞,也不需要躲避,而是全然接纳他们,把他们看成是一份很好的礼物,宽容、慈爱地接过来,温和地化解掉,有如阳光化解冰霜一般。不会运用"镜子原理",就会徒增许多烦恼,引起不必要的摩擦。这就是"忠恕之道"的修养方法。

　　13.子曰:"父母之年①,不可不知②也。一则以喜,一则以惧③。"

注释

　　①年:年龄、年纪。

②知:记忆。

③惧:担忧。

译 文

孔子说:"父母的年龄,不可不时常记在心里。一方面为他们的长寿而高兴,一方面为他们的衰老而担忧。"

解 析

这是多么细致的对心理情感的描述!世上有两件事是不能等待的,一是尽孝,二是行善。

下面是一篇中学生写的文章:

读《陈情表》有感

学生晚辈其为人也不孝!

苏轼有云:"读《出师表》不下泪者,其人必不忠;读《陈情表》不下泪者,其人必不孝;读《祭十二郎文》不下泪者,其人必不友。"

忆余初读《出师表》,在束发时。时余心智未开,未经人世,孔明之言辞恳切,鞠躬尽瘁,忠君不贰,余未能明也。读《祭十二郎文》,余尝为深动,承泣两行。其文恸情激荡,吞吐呜咽,千古绝调,悲情通天。今日读密《陈情表》,却未能追先人之义,达古人之情,实晚辈之惭也!

常听母言余生下数日,臀股上起一疖,便溺不畅,后出脓血。余啼哭,不分昼夜。母产后体弱,无力照顾;唯祖母悉心呵护,不弃余以屎尿,七天七夜未尝熟睡,偶搂余小憩,片刻即醒,每及便溺,既替余换布清洗,又以热水拭敷伤处。忧劳烦兴,不舍日月,直至复瘥如初。虽曰小病,然无祖母尽心护理,必有余殃,不知余今日何也。

及余渐长,以入学堂,与祖母同住。祖母早起唤孙,熟食以待,十年求学,未尝一日苟为。余虽愚钝,卒有小成,得入一中。既余升学,远离祖母,日日劳形学业,久为功课积压,时长无暇顾及祖母之饥寒饱暖,实实汗颜。

祖母已近七旬,白发龙钟,而今祖母之心愿,唯余金榜题名。

今幸毕《陈情表》,余既无密孤苦零丁之身世,亦未有其万死不辞之孝心。大忠大孝且不言,行住坐卧贪图安逸,实钦佩密终养尽孝之决心,虽天子召之而不应,功成名显而不就,前程似锦却弃之,唯侍奉祖母左右。祖孙情深,岂外物所能比之?

子有曰:"不义而富且贵,于我如浮云。"又古语云:"树欲静而风不止,子欲养而亲不待。"孝之者,其为人之本也。每每念此祖母恩情及殷切期盼,余用功颇有动力矣!

青少年时期每个人都有很多事情要忙,忙学习、忙游戏……等成人了,还要忙工作、忙事业。当我们认为自己已经拥有孝顺父母的能力时,父母已经吃不动也穿不了了,有的父母甚至已远离尘世。所以我们要趁父母还健在的时候多为父母做点事,用实际行动表达我们的爱和感激,而不要总是把爱埋在心底,更不要等父母、长辈不在了才想起尽孝,为时已晚,空留遗憾。

14.子曰:"德不孤,必有邻①。"

①有邻:有志趣相投的人与之亲近。

孔子说:"有德的人不会孤单,定会有志趣相投的人来亲近他。"

孔子对于人性的善良始终抱有充分的信心,他相信有美德的人对他人一定有感染作用,也一定能获得他人的敬重与效仿。

有道德之人往往惺惺相惜,互相爱慕。

孔子年轻的时候曾向老子问道。由于史籍记载不详,问道的时间大概是在孔子三十岁左右。老子当时任周王室的守藏室之史(图书管理员),掌管着大量历史文献,对古礼非常谙熟。孔子从鲁国出发,到首都洛邑拜访老子。老子对这位远道而来的年轻人非常赏识,以至于把自己轻易不讲的人生经验讲给孔子听。他说:"英雄人物遇到可以施展抱负的机会,就立即献身;没有这种机会时,也不必勉强追求。我听说,是珠宝就要深藏,不可外显;君子虽然内在的德行很高,而外表却显得大智若愚。去掉你的骄气、欲望、态色以及过高的志向吧,这些都对你无益。"临别时,老子又对孔子说:"我听说富贵的人用财物为人送行,品德高尚的人用良言为人送行。我不是富贵的人,只好冒充品德高尚的人送你一些话。这些话就是:'聪明洞察的人却往往濒临绝境,就是因为他好非议他人;博学善辩神通广大的人仍然自身难保,就是由于他揭露了别人的恶行。在父辈面前,做子女的不要显露自己;在君王面前,做臣子的不要显示自己。'"孔子从洛邑返回鲁国后,跟随他的弟子越来越多。每当他和弟子们谈起老子时,推崇备至,把老子比作一条高深莫测的龙,钦佩之情,溢于言表。我们从中不难体会到,这次拜访,老子的德行在孔子的内心曾经引起多大的震撼!

15.哀公问:"弟子孰为好学?"孔子对曰:"有颜回①者好学,不迁怒②,不贰③过。不幸短命死矣。今也则亡④,未闻好学⑤者也。"

注 释

①颜回,鲁国人,字子渊,所以又称颜渊,比孔子小三十岁。颜回家境贫寒,但为人好学,安贫乐道,最能与孔子心心相印。他追随

孔子周游列国,出生入死而忠贞不渝。孔子对颜回独寄传道之厚望。颜回二十九岁便已须发全白,年仅四十余岁就不幸先孔子而去世。孔子痛哭悲呼:"噫!天丧予!天丧予!"(唉!老天爷要我的命啊)孔子与颜回的师生之情犹如父子一般,在悟道方面师生二人常常能达到心灵的契合。

②迁怒:自己有过失,却归罪于他人,大发脾气。

③贰过:同样的错误犯第二次。

④亡:通"无"。

⑤好学:指的是实践行为和道德修养。

鲁哀公问:"你的弟子中谁最好学呢?"孔子回答说:"有个名叫颜回的好学,自己有过失不迁怒于别人,也不重犯错误,可惜短命死了。现在再也找不到这样的人了,也没听说再有如此好学的人了。"

一般人在生活中受了委屈,通常会以转移愤怒的方式来发泄,尤其遇到权威、强者或长者委屈了自己时,往往不敢反抗,而把怒气发泄在比自己更弱势的人身上。而颜回却能够十分恰当地控制自己的情绪,即使受了委屈,也不会把怨气撒在无辜者身上,因此受到孔子的褒奖。再加上他的"不贰过",是道德修养极高的人才能做到的,因此深得孔子的欣赏。

关于"迁怒",心理学上有一个著名的"踢猫效应":

一位员工在公司受到老板的批评,回到家就把在沙发上跳来跳去的孩子臭骂了一顿;孩子心里窝火,就狠狠地去踢身边打滚的猫;猫逃到街上,正好一辆卡车开过来,司机赶紧避让,却把路边的孩子撞伤了。

"踢猫效应"说的是一种典型的坏情绪的传染。我们要学会制怒,不要用别人的错误或自己的错误来惩罚自己或者惩罚他人。无论发生什么事,都要谨记不可迁怒于他人,而是用道把坏情绪化解掉。

16.子曰:"贤哉,回也!一箪①食,一瓢饮,在陋巷②,人不堪其忧,回也不改其乐。贤哉,回也!"

①箪:古代盛饭的圆形竹器。

②巷:指颜回的住处。

孔子说:"颜回真有贤德啊!一个竹筐盛饭,一个瓜瓢喝水,住在简陋的巷子里,别人都忍受不了那种贫困的忧愁,颜回却不改变他的快乐。贤德啊,颜回!"

解析

孔子在这里大加赞赏的是颜回安贫乐道的精神。在儒家思想中,对生命意义的真正体验,是精神价值,而不是物质条件,所以对世俗之人来说苦不堪言的,对孔子师生而言,恰恰是一种精神自由、一种人生之乐。话虽如此,但要做到贫而乐谈何容易!

请看下面一则故事。

唐代大文学家刘禹锡因为革新而得罪了当朝权贵宠臣,被贬为安徽和州县通判。按当时的规定,他应住衙门里三间三厦的屋子。可是,和州的太守是个趋炎附势的小人,见刘禹锡是被贬而来,便多方刁难他,给他穿小鞋。他先叫刘禹锡在城南面江而居。刘禹锡不但不埋怨,反而高兴地撰写了一副对联贴在房门上:"面对大江观白帆,身在和州争思辩。"这一举动气坏了太守,太守令衙门的书丞将刘禹锡的房子由城南调至城北,住房由三间缩小到一间半。而这房子位于得胜河边,附近有一排排的杨柳。刘禹锡见此情景,又作了一副对联:"杨柳青青江水平,人在历阳心在京。"他仍在此处读书作文。那太守一看,气得肺都要炸了,又和书丞商量,在城中寻了一间只能容一床一桌一椅的小屋让刘禹锡住。仅半年,连搬三次家,刘禹锡想,此狗官欺人太甚了,便愤然提笔写下了千古传颂的名篇《陋室铭》:"山不在高,有仙则名。水不在深,有龙则灵。

斯是陋室,惟吾德馨。苔痕上阶绿,草色入帘青。谈笑有鸿儒,往来无白丁。可以调素琴,阅金经。无丝竹之乱耳,无案牍之劳形。南阳诸葛庐,西蜀子云亭。孔子云:'何陋之有?'"写完后又请人刻于石上,立在门前。

《陋室铭》是一篇气壮山河的名文,清正廉洁、乐道达观是它的主旋律。后人之所以酷爱《陋室铭》,首先是因为它表现了作者的思想境界之高洁,其次才是作品艺术形式之高超。所以说,安贫乐道其实是一个人的信仰、理念,不以物喜,不以己悲;胜亦欣然,败亦何妨;坦然洒脱,实为难得。

17.子谓子夏①曰:"女②为君子③儒④,无为小人⑤儒。"

注释

①子夏:姓卜名商,字子夏,魏国人,比孔子小四十四岁,出身贫寒,是孔门晚期杰出的弟子之一,以精通文献典籍著称。

②女:通"汝",你。

③⑤君子、小人:在《论语》中经常出现君子、小人的句式,君子一般指德行学问修养较高的人;小人指小人物、老百姓,原义是指没接受过教育的普通人。当时只有士阶层才能接受教育,不是我们今天所指的道德败坏的小人。《论语》里把今天我们所指的小人叫鄙夫。

④儒:最早是一种专门为别人做殡丧礼葬职业的人。儒虽然熟悉各种礼仪,但社会地位低下。后来通常把那些通晓天文地理人事的博学多术之人称为儒。

译文

孔子对子夏说:"你要做有志于道的君子,不要做博取名利地位的小人。"

解析

这句话背后隐藏着儒家思想的精髓。孔子教弟子究竟为了什么?做官?社会地位?名利?俸禄?仅于此,就错了。孔子让弟子们"志于道",然后做官、得位去行道。权力是手段,行道是目的,手段和目的要分清楚。

孔子为什么告诫子夏这样的话呢?大概是子夏做学问缜密有余,宏大不足;或子夏规模狭隘。因此老师告诉子夏要放开心胸,志向远大些。后来子夏博学而重礼,在孔子去世后到魏国设坛讲学,培养出段干木、吴起、禽滑釐等著名的学生,在传授孔子的"六艺"上作出了特殊的贡献。

18.子曰:"质①胜文②则野③,文胜质则史④。文质彬彬,然后君子。"

①质:与生俱来的淳朴自然的东西,不加任何修饰。

②文:指经过各种礼节仪式的修饰和包装。

③野:粗鲁、粗野。

④史:迂腐、死板。

孔子说:"质朴超过文采就显得粗野,文采多于质朴就显得死板。文采和质朴搭配适中,才能成为君子。"

每个人都有先天的淳朴气质,也都要受到后天教育、环境的影响和熏陶,但二者都不能太过,不做土包子,也不做酸文人,这就要靠修身养性了。只有恰当搭配,相互均衡,才能培养出完整和谐的君子人格。曾国藩用人,选择的标准里面就有一条:最好带一点土气,这样的人好雕饰。所谓"唯大英雄能本色,是真名士自风流"。

19.子曰:"知①之者不如好②之者,好之者不如乐③之者。"

①知：了解、懂得。

②好：爱好。

③乐：以……为乐。

孔子说："对于任何事情,懂得它的人不如爱好它的人,爱好它的人不如以它为乐的人。"

"知之"、"好之"、"乐之"是为学修养的三个境界,以"乐之"为最高境界。

孔子年轻时,曾向师襄学习弹奏古琴。师襄教孔子弹奏了一支曲子。十天后,师襄看到孔子已熟悉了曲子的韵律,就说："你现在可以学习新曲子了。"孔子却回答："我虽已熟悉了曲子的韵律,但还没掌握弹奏的技巧。"过了几天,师襄对孔子说："你已经掌握了弹奏的技巧,可以换新曲子了。"孔子答道："我还没有领会乐曲的志趣神韵呢。"过了一段时间,细心的师襄能觉察出孔子已经将志趣神韵也把握了,便再次郑重地劝他："可以学习新曲子了。"孔子答道:"再等等吧,我还没有领悟出作者的人格风貌呢。"他依然静心凝神地反复弹奏。

又过了些时候,孔子肃穆深思,若有所悟,终于心开意解,欣喜地对老师说:"现在我想象出作者是什么样的人了。他的皮肤黝黑,身材颀长,双目炯炯有神,给人以高瞻远瞩的印象,就像统治四海的君王,我想他就是周文王吧。"师襄一听,立即离开座位,向孔子连连作揖道:"是呀是呀,我听我的老师说过,这首曲子叫《文王操》,正是周文王所作!"孔子为学,思远而行笃。他曾在齐国听到《韶》乐,"学之,三月不知肉味"。

20. 子曰:"知者乐水,仁者乐山。知者动,仁者静。知者乐,仁者寿。"

孔子曰:"明智的人喜欢水,仁德的人喜欢山;明智的人喜欢动,仁德的人喜欢静;明智的人乐观,仁德的人长寿。"

智慧灵敏、快速、流动、变迁,有如水;仁德稳定、可靠、巩固、长久,有如山。智者与水为邻,临水作歌,故动而乐;仁者大爱存于胸,活得厚重而坚实,故静而寿。圣人为什么从山水之间汲取灵气?因为道德本乎人性,人性出于自然,自然之美反映到人性中,表现出来就是艺术。这句话是圣人德行与艺术、善与美的高度结合。古往今来多少文人学者以山水之灵气助己成德,正体现了"天人合一"的深旨。

检 测

一、填空

1. 所谓"忠恕之道",就是"＿＿＿＿＿＿,＿＿＿＿＿＿"。

2. 子曰:"德不孤,＿＿＿＿＿＿。"

3. 子曰:"知者乐＿＿＿,仁者乐＿＿＿。知者＿＿＿,仁者＿＿＿。知者＿＿＿,仁者＿＿＿。"

二、问答

1. 孔子说的哪句话表达了人一生闻道的不易?

2. 为什么父母的年龄不可不记在心里,一方面喜悦,一方面忧惧?

3. 你认为颜回身上最优秀的品质是什么?

4.《论语》中的君子、小人各是什么含义?请写出你所知道的"君子……小人……"的句式。

5. 成语"文质彬彬"出自《论语》中的哪句话?

第五节 《论语》节选二十一到三十则解读

21.子贡①曰:"如有博施于民而能济众,何如?可谓仁乎?"子曰:"何事于仁?必也圣乎!尧舜②其犹病诸③!夫仁者,己欲立而立人,己欲达而达人。能近取譬④,可谓仁之方也已。"

注释

①子贡:复姓端木,名赐,字子贡,卫国人,比孔子小三十一岁,是孔子最忠实的学生之一,深得孔子器重。子贡口才好,擅长辞令,是孔门弟子中最具外交才能的,曾多次陪同鲁国君臣参与外交活动。子贡还精于经商,是孔子弟子中最富有的。

②尧舜:传说中上古时代的两位帝王,也是孔子心目中的榜样,儒家认为是圣人。

③病诸:病,担忧;诸,之于的合音。

④能近取譬:能够就自身打比方,即推己及人的意思。

译文

子贡说:"如果有人能广泛施惠于人民,周济群众,怎么样呢?可以称得上仁德吗?"孔子说:"何止是仁呢?那是圣人了!连尧舜恐怕都做不到呢!仁德的人,自己立得稳也要让别人立得稳,自己通达也要让别人通达。能以自己去想别人,可以说是为仁的方法了。"

在孔子的众多弟子中,论根机素质,颜回和子贡绝顶聪明。子贡性格好,人缘好,特别会做生意,因此财富多,社会地位高,喜欢"博施于民",他认为这样做就是仁。孔子告诉他,这不仅仅是仁人,简直是圣人的境界,连尧舜也不一定能做到。仁是一种内在的精神境界,圣则不仅包括内在的修养,还包括外在的整个功业成就。像子贡这样的弟子,能做到仁人,即"己欲立而立人,己欲达而达人"就很好了,这一条成了后世儒者修身的基本准则。

22.子曰:"德之不修,学之不讲,闻义不能徙①,不善不能改,是吾忧也。"

①徙:迁移,此处指靠近、做到。

孔子说:"道德不去修养,学问不去讲习,听到合乎义理的事不去做,不好的地方不去改正,这是我所忧虑的。"

孔子认为,美德须通过修行而培养,学问须通过讲习而巩固,道

义须通过践行而体会,恶习须通过痛改而知戒。那种不具有"知行合一"的实践、只会空谈学问的现象,是令孔子十分担忧的。从事教育事业的人对这段话尤其要重视。

23.子曰:"志于道,据于德,依于仁,游于艺。"

孔子说:"要立志求道,据守着德,依靠着仁,游习在六艺之中。"

孔子认为,一个君子应"志于道",就要具有谋道不谋食的理想主义精神。这个道具体体现在"据于德",即做人做事按道而行,表现出来就是德行,德行展开来有八个纲目,即孝、悌、忠、信、礼、义、廉、耻,否则,意味着人格的瓦解。"依于仁",就是做事依着仁爱之心、恻隐之心。而学习知识技能那是第四步要干的事情,即"游于艺"。想想如今的教育,不论是教育他人,还是自我教育,前三项几乎都扔得差不多了,只剩下最后一点"游于艺"。而"游于艺"还有一层含义,就是学习知识技能要以游戏的心态,轻松活泼,自然审美。再想想今天的孩子们,从幼儿园开始就学电脑、英语、钢琴等,一直到大学毕业,学业的压力让孩子们真是苦不堪言,似乎学习只剩下了考试分数和功利心,哪有乐趣可言,值得我们反思。

这段话是孔子的治学总纲,也是儒家文化的修学次第。胸怀济世之道,立志做一个高尚的人,将自己的精神安顿在仁德的境界,然后游习在"六艺"之中。这才是一种完整的教育。

24.子曰:"饭①疏食②,饮水,曲肱③而枕之,乐亦在其中矣。不义而富且贵,于我如浮云。"

①饭:这里作动词,吃。

②疏食:粗粮。

③曲肱:弯着胳膊。

孔子说:"吃粗粮,喝清水,弯起胳膊当枕头,快乐就在其中了。用不正当的手段得到财富和官位,对我来说犹如天上的浮云。"

这段话是《论语》中最具文采、最优美的一段话,形象地描绘出了孔子的价值观和人生观。在孔子看来,人生的乐趣并不需要一味依靠物质,也不需要虚伪的荣耀。不合理、非法、不择手段地得到富贵是非常可耻的事,对他来说犹如浮云。明白了这点,就可以建立自己的精神人格了。

下面我们来看一则民间故事。

胡九韶,明朝金溪人。由于家境贫困,他一面教儿读书,一面努力耕作,但仅仅可以温饱。每日晡时(下午3时到5时),胡九韶都要到门口焚香,感谢上天赐给他一天的清福。妻子笑他说:"我们一日三餐都是菜粥,怎么谈得上是清福?"胡九韶说:"我首先很庆幸生在太平盛世,没有战争兵祸;又庆幸我们全家人都能有饭吃、有衣穿,不至于挨饿受冻;第三庆幸的是家里床上没有病人,监狱中没有囚犯,这不是清福是什么?"

是啊,古人说得好:"广厦万间,身犹三尺;良田千顷,日食三餐。"知足者常乐!在台湾创立济慈医院的证严法师曾讲过这样一句话:有菜篮子可提的女人最幸福。生活的幸福就渗透在点点滴滴的细微之处,人生的真味就存在于平平淡淡的经历之中,其实我们已经拥有了,只是无视幸福的存在。人都说,幸福与富贵无关,不生病、不缺钱,做自己爱做的事,就是最幸福的人。这只是对前半句的理解。

孔子为什么把"不义而富且贵"视作"浮云"呢?我们先看下面的故事。

周灭商之前是中国西北地区的一个诸侯国,首领古公亶父是一位气度不凡的仁君。在他的治理下,周渐渐强盛起来,民风尤其淳朴。古公亶父有三个儿子,长子泰伯,次子仲雍,三子季历。他发现三子季历最有圣德,欲传位给他,可又担心他的另两个儿子不服。兄弟之间为了权位一旦反目成仇,会很麻烦。这件事被泰伯知道后,为了不让父亲为难,泰伯"三以天下让",与仲雍一起,避居于荒凉的吴地。古公亶父顺利实现了自己的愿望。季历继位,他就是周文王姬昌的父亲。后来周文王的儿子周武王姬发在姜太公的辅佐下,灭了商朝,成就了周朝八百年的基业。

孔子一生致力于恢复周礼,对周朝各位君主的圣德都大加赞赏,尤其对泰伯"三以天下让"的做法很赞同。他说:"泰伯,其可谓至德也已矣!三以天下让,民无得而称焉。"(《论语·泰伯》)老百姓都找不到恰当的话来称赞他。在孔子看来,如果一个才德匮乏的人争权夺利,即使争到了荣华富贵,又能怎样呢?那种不符合道义的"富且贵",就是"浮云"。所以孔子说出了"不义而富且贵,于我如浮云"的话。

25.子曰:"君子坦荡荡,小人长戚戚①。"

①戚戚:忧愁。

孔子说:"君子胸怀宽广,小人常常忧愁。"

这句话看起来说的是君子、小人的心理状态,其实是说两种截然不同的为人处世的生活态度。君子重义轻利,不管是富贵、得意

还是贫穷、失意时,都能安贫乐道,故胸怀坦荡。小人重利轻义,富贵时,傲慢恣肆;贫穷困顿时,胡作非为,又钻营计较、患得患失,抱怨太多、牢骚太盛,故"长戚戚"。

人人都不想过烦恼重重的生活,道义放中间,利字放两边,自然海阔天空。这话说起来容易,真正做到却很难。因为人世间本身就充满竞争和变数,有许多自己不愿意接触却不得不接触的丑恶肮脏的东西,是不以人的意志为转移的。有的人不考虑自身实际,盲目攀比,总觉得自己的生活不如别人,整日怨天尤人,生别人的气、生家人的气,愤愤不平、耿耿于怀、闷闷不乐、郁郁寡欢,以致气血不调,抑郁成疾,活得太苦太累,到死都不明白自己作践自己的真正原因。真是可叹可悲!

相反,有一部分人胸怀坦荡,豁达大度,不斤斤计较荣辱得失,心底无私天地宽,常感日月星辰照耀之温暖,常想人间真情仁义之可贵,心情平淡愉悦,气血和谐顺畅,于身于心于己于人是再好不过了,何乐而不为呢?

26.曾子曰:"士①不可以不弘②毅③,任重而道远。仁以为己任,不亦重乎?死而后已,不亦远乎?"

注释

①士:这里指读书人,当时社会读书人少,多为官家所用。

②弘:心胸宽广。

③毅:意志刚强。

曾子说:"读书人不可以不心胸宽广、意志坚强,因为他们责任重大、道路遥远。把实现仁德作为自己的历史使命,难道还不重大吗?(对这一理想的追求)到死才停止,难道还不遥远吗?"

这段话是给读书人提的要求。读书人的规模不能够不宏大,意志品质不能够不坚毅,以仁为己任,为社会建功立业,这是多么重大的人生使命。此语虽是曾子所言,但是用在孔子身上再合适不过。孔子作为士阶层的代表,自觉地担负起了"复兴周礼"这一历史使命,一生穷途奔波并屡遭劫难,但他"明知不可为而为之",鞠躬尽瘁,死而后已,与孔子自己讲的"岁寒,然后知松柏之后彫也"的那种不屈不挠、坚韧不拔的精神达到高度的契合。

27.子绝①四:毋②意③,毋必,毋固,毋我。

①绝:杜绝。

②毋:无、不。

③意:同"臆",猜想、猜测。

 译文

孔子杜绝四种毛病：不主观臆测，不绝对肯定，不固执己见，不自以为是。

 解析

"毋意"，遇事要冷静、客观、理性地对待；"毋必"，做事不必一定要如何，随顺因缘，通权达变；"毋固"，不要那么固执，一条道走到黑；"毋我"，不能太执着于自我，或以自我为中心。

"毋意，毋必，毋固，毋我"是提醒我们，一个君子，或者一个真正干事业的人，一定要把小我放下，多满足别人的愿望，多体察别人的需求，以他人之心为自己的工作目标，这才是为人处世的智慧。

想一想，与人交往，如果凭空瞎猜、独断专行、固执己见、自以为是，会是什么结果？或许是作茧自缚，或许是飞蛾扑火，或许是南辕北辙，多么愚痴！那是自己把自己绊倒的绊脚石！以上任何一点，都是与人交往共事的障碍，实在应该杜绝啊！

不执着，看破放下，才能随缘自在。

有这样一则故事。

酷暑三伏，某禅院的草地枯黄了一大片，徒弟建议："撒些草籽吧，不要等天凉了。"禅师挥挥手说："随时。"

至中秋，禅师买了一大包草籽，叫徒弟去播种。秋风疾起，草籽飘舞。"草籽被吹散了！"徒弟惊呼。禅师说道：

"随性。吹去者多半中空,落下来也不会发芽。"

刚撒完草籽,就有几只小鸟飞来啄食,徒弟又急了。禅师专心翻着经书,说:"没关系,随遇。"

半夜下了一场大雨,徒弟急得冲进禅房:"师父,这下完了,草籽被冲走了。"禅师正在打坐,眼皮抬都没抬,说:"随缘。"

来年春天,光秃秃的地上长出青苗,一些未播种的院角也泛出绿意,徒弟高兴得直拍手。禅师站在禅房前,点点头,说:"随喜。"

生命中的许多东西是不可以勉强的,不勉强自己,也不勉强外境,那么,不曾期待的灿烂就会在我们的淡泊从容中悄然而至。所以说面对生活的顺境与逆境,我们应时常保持"随时"、"随性"、"随遇"、"随喜"的心境,顺其自然,以一种从容淡定的心态来面对人生,就会有意想不到的收获。

28.子畏①于匡②,曰:"文王既没,文不在兹③乎?天之将丧斯文也,后死者④不得与⑤于斯文也;天之未丧斯文也,匡人其如予何?"

注释

①畏:拘留、拘禁。

②匡:地名,在今河南长垣西南。孔子周游列国,从卫去陈,途径匡地,匡人把他错当成鲁国的阳虎(阳虎曾对匡人残杀掠夺,而孔

子长得非常像阳虎)加以拘禁。

③兹:这里指孔子自己。

④后死者:指后来人。

⑤与:得到。

译文

孔子被匡地的人拘禁了,说:"自从文王去世后,礼乐制度不都保留在我这里吗?上天如果要丧失这些文明,就灭了我,那后来人就得不到这些文明了;上天如果不要丧失这些文明,那匡人又能把我怎么样呢?"

解析

当时孔子被匡人拘禁了足足五天,学生也被匡人冲散。经过数日的审查,匡人发现被拘禁者文质彬彬,不似阳虎的为人,是一场误会,于是放行孔子师生。孔子为什么在冥冥之中有一种命不该绝的自信?因为他所生活的那个时代,礼崩乐坏,继承周文化的使命,已经落在了自己的肩上,这是一种为历史担纲的使命感,同时,从这段话中我们可以体会到圣人心中那份至诚感天的信念。

29.子曰:"三军①可夺帅也,匹夫②不可夺志也。"

注释

①三军:古代大国有三军,一万二千五百人为一军,这里是言其多。

②匹夫：平民百姓。

孔子说："三军的统帅可能被人剥夺，平民百姓的意志不可能被剥夺。"

一个人立志不易，守志尤难。三军虽众，其帅可夺；匹夫虽弱，若坚守其志，人不能夺。

连小人物都知道誓死捍卫自己的人格、尊严和志气，不受威逼利诱，始终保持自己的志向，这是何等的气节！所以强者绝不可欺侮弱者。

"文化大革命"期间有过这样一件事。

梁漱溟(1893—1988)，著名儒学大师，被称为"中国最后一位儒者"。1974年，梁漱溟在政协学习小组批林批孔会上，开门见山地说："我只批林，不批孔……我看不出林彪与孔子有什么关系，所以我不批孔。"此话一出，立即炸开了锅，小组学习变成了批林批孔批梁。从3月到9月，历时七个月，梁漱溟在大会小会上被批斗了一百余次，直到批斗者觉得已经触及到了梁漱溟的"灵魂"，问他对斗争批判的感想。梁漱溟一字一句地回答："三军可夺帅，匹夫不可夺志。"

这句回答,使在座的所有人愕然,转而哗然。梁漱溟如此"顽固",组织者感觉受到了嘲弄,勒令他对此做出解释。梁漱溟意味深长地说:"匹夫就是独人一个,无权无势。他的最后一着只是坚信自己的志,什么都可以夺掉,但这个志,无法夺掉,就是把这个人消灭掉,也无法夺掉!"

后来梁漱溟在给友人的信中谈及此事,说:"我拒不批孔,政治上受到孤立,但我的态度是独立思考和表里如一,无所畏惧,一切听其自然。"

30.子曰:"岁寒①,然后知松柏之后凋②也。"

①岁寒:指二十四节气中的小寒和大寒,是一年中最冷的节令。此时的中原地区,多数植物都已凋零,唯有苍松翠柏毅然挺立。
②凋:通"凋",凋零、凋谢。

孔子说:"天气最寒冷时,才知道松柏是最后凋谢的。"

"岁寒"比喻乱世、事难、势衰等。"松柏之后凋"比喻君子百折不挠的人格或力挽狂澜的英雄本色。从君子崇高的道德意志和坚韧不

拔的精神品质上说,陈毅的一首诗与孔子的这句话有异曲同工之妙。

　　陈毅(1901—1972),四川人,伟大的无产阶级革命家、军事家、外交家、文学家。用元帅、诗人、外交家概括他的一生最为贴切。

　　陈毅出身于地主家庭,从小就对旧社会愤恨不平。1919年,他考取四川省赴法国官费留学生的资格,在法国一面做工,一面求学。1921年回国,1923年加入中国共产党,从此开始了他的戎马生涯。

　　从八一南昌起义到新中国成立,陈毅身经百战,出生入死,多次受命于危难之际,力挽狂澜,打开革命局面,为新中国成立立下了赫赫战功。他还担任过新中国的副总理兼外交部部长,日内瓦的风云变幻、万隆会议的谈笑风生、记者招待会的妙语连珠,无不熔铸着元帅外交家出神入化的外交艺术。他更是一位才华横溢的诗人,以自己的心、自己的志,饱蘸中国革命之墨,写下了三百五十余首激情澎湃的传世诗篇。他曾写过一首家喻户晓的诗:"大雪压青松,青松挺且直。要知松高洁,待到雪化时。"这首诗最能体现他率真坦荡的胸襟、百折不挠的人格、挥洒自如的风度和笑傲江湖的气概。他继承了千百年来中华传统美德中最珍贵的东西——刚毅果敢、光明磊落、威武不屈、公而忘私,以青松一样高洁的人格赢得了后人的传颂。

 检 测

一、填空

1. 孔子对弟子说有四件事是他最担忧的：(1)德之不修，(2)_____，(3)_____，(4)_____。

2. 孔子的治学总纲是_____，_____，_____，_____。

3. 子曰："饭疏食，饮水，曲肱而枕之，乐亦在其中矣。_____，_____。"

4. 子绝四：毋____，毋____，毋____，毋____。就是说孔子杜绝四种毛病，不主观臆测，不绝对肯定，不固执己见，不自以为是。

5. 子曰："_____，匹夫不可夺志也。"

6. 子曰："岁寒，_____。"

二、问答

子曰："君子坦荡荡，小人长戚戚。"为什么君子胸怀坦荡，而小人常常忧愁呢？

第六节 《论语》节选三十一到四十则解读

31.子曰:"知①者不惑,仁者不忧,勇者不惧。"

①知:同"智",明智、智慧。

孔子说:"明智的人不会被迷惑,仁德的人没有忧虑,勇敢的人无所畏惧。"

智者通达,晓事理而通变化,故不惑;仁者敦厚,常怀爱人之心,故无忧;勇者胆壮,怀着一身正气,敢作敢为,故无惧。智、仁、勇在《中庸》里被称为"三达德"。能将这三点集于一身,说明一个儒者"修己"已达到了相当的水准,这样的道德圣人似乎离我们很遥远,却真实地出现在我们的现实生活中。

请看下面一则小故事。

一位到中国观光旅游的美国老太太,找了三个中国孩子来做实验:一个十岁的女孩、一个七岁的男孩和一个大约五岁的女孩。美国老太太拿出一个玻璃瓶子,瓶肚很大,瓶口却很小。瓶子里装着三个刚能单独通过瓶口的小球,小球上各有一根丝线伸出瓶外,攥在这个美国老太太手里。美国老太太狡黠而自负地笑了一下,对一旁的中国主人说:"都说中国人非常有智慧,现在我要试一试。"

三个中国孩子露出一丝紧张的神色。

她宣布游戏规则:"这三个小球分别代表你们三个人,这个瓶子代表一口干井。你们正在井里玩,突然,干井里冒出水来,水涨得很快,你们必须赶快逃命。记住,我数七下,也就是只有七秒钟,如果你们谁没有逃出来,谁就会被淹死在井里。"

她把三根丝线递给了三个中国孩子。空气骤然凝滞了,好像死神正在四周徘徊。

美国老太太做出一个表示开始的手势。只见那大约五岁的女孩很快从瓶子里拉出了自己的球。接下来是那个七岁的男孩,他先是看了一眼比自己大的女孩,接着迅速地将自己的球拉出瓶口。最后是那个十岁的女孩,从容又轻捷。整个过程所花费的时间不到五秒钟。

美国老太太惊呆了。本来一场惊心动魄的游戏,竟这么平淡地结束了。她先问那个小男孩:"你为什么不争先逃命?"小男孩摆出一副很勇敢的劲头,指着那个最小的女孩:"她最小,我应当让她先逃呀!"她又问那个十岁的女孩。"三个人里我最大,我是姐姐,我应该最后离开。"女孩说。美国老太太又问:"那你就不怕自己被淹死?"女孩答道:"淹死我,也不能淹死弟弟妹妹。"泪刷地一下从美国老太太的眼里涌了出来。她说她在许多国家试验过这个游戏,几乎没有一个国家的孩子能在规定的时间内完成它,他们争先恐后,互不相让……

智慧究竟是什么? 也许三个孩子都不能回答如此高深的问题,可这三个孩子已经用他们的行动告诉我们:智慧绝不仅仅意味着智力发达,它首先应该是一种仁爱精神,以及由这种仁爱精神产生出来的忘我、无畏的品格。有了这样的精神与品格,人与人之间就会相亲相爱,绝不会尔虞我诈;不同文明之间也能友好相处,和平共存,也就不会有那么多的冲突与战争。

32.仲弓①问仁。子曰:"出门如见大宾,使民如承大祭。己所不欲,勿施于人。在邦②无怨,在家③无怨。"仲弓曰:"雍虽不敏,请事斯语矣。"

注 释

①仲弓:姓冉名雍,字仲弓,鲁国人,比孔子小二十九岁,出身低微,不善言辞,但以德行而著称,曾做过季氏宰,是孔门著名弟子之一。

②邦:诸侯国。

③家:卿大夫家。

译文

仲弓问怎样做才是仁。孔子说:"出门办事如同接见贵宾一样(恭敬有礼),对待百姓的事务像是承办大祭一样(谨慎敬畏)。自己不愿意要的,不要强加给别人。在诸侯国做官没有怨恨,在卿大夫家做事没有怨恨。"仲弓说:"我虽然不聪慧,请让我按这些话去做吧。"

解析

孔子从四个方面教导仲弓为仁之道:一是出门做事要有恭敬心;二是对待百姓的事务要如同对待神灵的事务一样严肃认真;三是要讲恕道;四是做事不能生怨恨心,要任劳任怨。这些教诲都非常具有可操作性,而且特别强调要怀着诚意和敬心去做。所以仲弓给了老师诚挚的回答:"我虽然不聪慧,请让我按这些话去做吧。"

战国时期,楚、梁两国在边境上各设界亭,亭卒们在各自的空余土地上种了瓜菜。梁国的亭卒勤劳,锄草浇水,瓜秧长势喜人;而楚国的亭卒懒惰,不务农事,瓜秧长得细小,与梁国的瓜田有天壤之别。楚国的亭卒心生嫉妒,于是在一天晚上趁着夜色,偷跑过境把梁亭的瓜秧全给扯断了。

第二天,梁国亭卒发现自家的瓜秧全被人扯断了,气愤难平,报告给边县的县令宋就,请示也要越界把楚国的瓜秧扯断。宋就说:"这样做当然很解气,可是,我们明明不愿他们扯断我们的瓜秧,那么为什么再反过去扯断别人的瓜秧呢?别人不对,我们再跟着学,那就太狭隘了。从今天起,你们每天晚上去给他们的瓜秧浇水,让他们的瓜秧长好了。而且,你们这样做,一定不要让他们知道。"梁国亭卒听了宋就的话后觉得很有道理,就照办了。

渐渐地,楚国的亭卒发现自家的瓜秧长势一天好过一天,仔细观察,发现是梁国的亭卒每天夜里悄悄为他们的瓜秧浇水。楚国的边县县令听到亭卒们的报告后,感到十分惭愧和敬佩,于是把这件事报告给了楚王。

楚王听后,感于梁国修睦边境的诚心,特备重礼送给梁王,以示自责,也表酬谢。结果,这一对敌国化干戈为玉帛,成了友好的邻邦。

33.子曰:"听讼①,吾犹人也。必也使无讼②乎!"

①听讼:审理诉讼案件、断案。

②使无讼:消除诉讼的根源。

孔子说:"听诉讼断案,我和别人是一样的。一定要想办法使人们没有诉讼!"

孔子认为,修养的最高境界是追求幸福,最低目标是人与人之间没有纠纷。他在鲁国做司寇时经常断案,但他没有把审判案件看成是单纯的制裁手段,而是看成一种让人们明辨是非善恶的教化手段,直到彻底没有案件为止。这虽然是种理想或善良的愿望,但孔子相信通过他的仁爱心、慈悲心,会使人们对天理良心有所敬畏,民风自然会慢慢扭转。

34.子曰:"君子成人之美①,不成人之恶②。小人反是③。"

①②美、恶:形容词用作名词,指好事、坏事。
③是:这。

孔子说:"君子成全别人的好事,不帮助别人做坏事。小人正和这相反。"

此语已成格言,口口相传。它是儒家教化百姓的教育路线。它提醒我们不仅要多做成人之美的君子,少做成人之恶的小人,而且

还要通过自己的言行让周围的人追求真善美,唾弃假恶丑。如此,我们的社会才能安定祥和。

35.子夏为莒父①宰②,问政。子曰:"无欲速,无见小利。欲速则不达,见小利则大事不成。"

①莒父:鲁国城邑名,在今山东莒县境内。
②宰:地方长官。

子夏做了莒父的地方长官,问怎样处理政事。孔子说:"不要图快,不要贪图小利。只图快就达不到目的,贪小利则做不成大事。"

孔子告诉子夏为政的原则是放宽眼界,百年大计,不要急功近利,也不要为小利益花费太多的心力,要顾全大局。

急于求成是人类的通病。历史上"欲速则不达,见小利则大事不成"的案例很多,我们就拿明末农民起义来说吧。

李自成(1606—1645),明末农民起义领袖、杰出的军事将领。于1644年正月建立大顺政权,同年4月,清兵入关,李自成仓皇逃往湖北,轰轰烈烈的明末农民起义宣告失败。总结失败的原因,除了战略上的失误外,政策上的失误也很明显:不懂得巩固辛辛苦苦打下来的根据地,边打边丢,前功尽弃。这就是图快的后果。这些还不是最主要的,最主要的是人员的素质,起义军以农民为主,上层社会精英很少,浩浩荡荡的起义军基本上属流寇性质。他们缺乏长远规划,进入北京城后,大肆抢掠财富,贪图享乐,出现混乱腐败局面也就不足为奇了。这是"见小利则大事不成",失败当然在所难免。

而毛泽东领导的中国革命,与李自成起义截然不同。我们不仅拥有一批优秀的政治家、军事家、革命家和一支骁勇善战的高素质队伍,还拥有强大的思想理论武器,善于吸取李自成起义失败的经验教训。

1949年3月,新中国建立已见曙光。党中央在河北省平山县西柏坡村召开七届二中全会,毛泽东特别警告全党:"务必使同志们继续地保持谦虚、谨慎、不骄、不躁的作风,务必使同志们继续地保持艰苦奋斗的作风。"离开西柏坡踏上进北平征途时,毛泽东还语重心长地叮嘱中央机关的同志,这次历史性的出发是"上京赶考","我们进北平可不是李自成进京"。还说,夺取全国胜利,这只是万里长征走完了第一步。

为政无小事,绝不可急功近利,要看清眼前,关注长远。唯如此,国家才能长治久安。

36.子曰:"古之学者为己,今之学者为人。"

孔子说:"古代学者做学问是为了自己修身养性,今天的学者做学问是为了做给别人看。"

从古到今,文人做学问究竟为了什么？是为了改善自己、提高自己的人生境界？还是为了在他人面前炫耀自己,让别人崇拜、服从自己？古人重前者,今人则重后者。孔子说这句话,是想提醒我们:做学问不要刻意为了他人(即亮给别人看),不要忘了儒者的使命——"穷则独善其身,达则兼济天下。"

37.子曰:"不患①人之不己知②,患其不能也。"

①患:愁、怕。
②不己知:即"不知己",意为不了解自己。

孔子说:"不愁人家不了解自己,只怕自己没有能力。"

 **解析**

这句话又归到了"人不知而不愠,不亦君子乎",人就是这样,总怪别人不了解自己,生怕埋没了自己。其实,关键还在于修内功,只要自己有足够的能量,就一定会引起他人的注意,是金子一定会发光!

38.或曰:"以德报怨,何如?"子曰:"何以报德? 以直①报怨,以德报德。"

 **注释**

①直:正直、公正。

 **译文**

有人对孔子说:"用恩德来回报仇怨,怎么样?"孔子说:"那又如何回报恩德? 该用公正来回报怨恨,用恩德回报恩德。"

 **解析**

道家讲"报怨以德"(《道德经》),佛家讲"舍身饲虎",基督教讲"爱敌如友"(《圣经》),这些思想给我们树立了很高的标准,大多数人做不到。儒家思想特别强调中庸,站在人类社会常态的基础上,把理性渗入情感中,"以直报怨"、"以德报德"合情合理。

以下是一个真实的故事。

十几年前，台湾宜兰住着一位游妈妈。她没读过什么书，老伴中风卧床，全靠游妈妈替人洗衣为生。

游妈妈有一个乖巧的儿子，不幸的是，十九岁那年，宝贝儿子在一场营火晚会中准备上厕所时，被一个年仅十六岁的醉酒少年，莫名其妙地用破玻璃瓶给杀死了。游妈妈连孩子的最后一面都没见着。

这时受害人家属的心情，恐怕是对加害人每见必打的冲动，恨不得加害人不得好死。刚开始游妈妈也是如此，但是她想到，就是她把那个少年给打死了，宝贝儿子的生命也挽救不回来了。

于是她尽量选择不谈、不看、不想，她想随着时间的流逝，淡忘一切痛苦，但她无法做到原谅加害人。结果，她发现事发后三年来，她没有一天能忘掉失去儿子的痛苦，没有一天能好好地睡个觉，没有一天能不去想儿子。仇恨总是如影相随，让她痛苦万分。

有一天，游妈妈在河边洗衣服，她一边洗一边想，杀害儿子的那个人今年也十九岁了，跟自己的宝贝儿子离去时的年龄是一样的，如果儿子还活着的话，应该有着美好的前程和希望；而杀害儿子的那个人呢，还在看守所，未来进入社会后，他还能有什么发展呢？将心比心，杀害儿子的那个人的妈妈心里也一定不好受吧！

刹那间，游妈妈有了想去看看那个杀害儿子的人的想法。当然，她的这个想法得到所有亲朋好友的极力反对，可是游妈妈还是认为该去看看那个年轻人。

在看守所里，游妈妈见到了那个年轻人。在年轻人的要求下，游妈妈有机会跟他独处。当整个房间里只有游妈妈和年轻人的时候，年轻人紧紧地抱住游妈妈痛哭了起来，嘴里一直说："对不起、对不起……"

游妈妈在那个年轻人身上似乎闻到了宝贝儿子的味道……

其实杀害儿子的那个年轻人就是个孩子，抱着他就像抱着自己的孩子一样，当下游妈妈就把仇恨放下了。那个年轻人情绪稳定后，很认真地告诉游妈妈，他希望自己出狱后能有机会把游妈妈当成自己的妈妈来照顾。游妈妈听了很欣慰，并且对那个年轻人说，希望他不仅用这份心去照顾自己的亲人，还要做更多照顾别人的事，要把自己的生命经营好，把她儿子的未来也延续下去，有空的时候，到宜兰来看看游妈妈。

从此以后的游妈妈，仍旧靠为人洗衣谋生，但她心态平和，晚上倒头入眠，笑容变多了，当然也快乐了许多。她相信杀害儿子的那个年轻人从今往后，会将她宝贝儿子的生命继续无限延伸。

"以怨报怨"是人之常情，平凡而朴实的游妈妈没有"以怨报怨"，而是"以直报怨"，她对仇人选择了宽恕，也放下了仇恨，她的心灵获得了应有的自由。

39.子曰:"莫我知①也夫!"子贡曰:"何为其莫知子也?"子曰:"不怨②天,不尤人,下学③而上达④。知我者其天乎!"

注释

①莫我知:倒装句,即"莫知我",意为没有人了解我。

②怨:怨恨、责备。

③下学:指学人事,如农、工、商、贾等。

④上达:指达天命,或达于道。

译文

孔子说:"没有人了解我啊!"子贡说:"怎么会没有人了解您呢?"孔子说:"不怨恨天,不责怪人,下学人事,上达天命。了解我的大概只有天吧!"

解析

自古圣贤多寂寞。这句话所表达的正是孔子在人生境界的高端上产生的那种"高处不胜寒"的精神孤独。圣人能做到"不怨天,不尤人",我们普通人心中往往怀着许多怨,即使对别人没有怨,也会自怨自艾,埋怨时代,慨叹环境。岂不知,人生无常,逆境和挫折恰恰是人世间的本来面目。身陷困境时,态度消极的人总是怨天尤人,寄希望于外力,选择退缩和逃避,而不是想办法解决。

一个年轻人因为贫困而绝望,去见一个富翁,求教生财之道。富翁问他:"你有什么财富?"年轻人说:"我不名一文,一无所有。"富翁问:"你有没有头脑?有没有眼睛?有没有手?"年轻人说:"当然有啦。"富翁说:"这不就是你的财富吗?你怎么能说自己一无所有呢?不管多么贫困,条件多么恶劣,只要你还活着,你就应该心安,保持心灵的安详和宁静,不怨天尤人,不自怜自欺、自暴自弃。"

同样身陷困境,态度积极的人则敢于向困难挑战,千方百计去寻找办法解决困难,所以,幸运、机会总是降临到他们头上。

开普勒是德国著名的天文学家。他的童年生活多灾多难,在母亲的腹中只待了七个月就早早地来到了人间。后来由于天花,他脸上长满了麻子,随后,又因为一场不期而遇的猩红热,身体受到了严重摧残,视力衰弱,但他凭着顽强坚毅的品质发奋读书,学习成绩始终遥遥领先。遗憾的是,好景不长,因父亲欠债,他最终失去了读书的机会。但他毫不气馁,自学起了天文学。在以后的生活中,不幸又接二连三地降临到他的身上,他经历了多病、良师、妻子去世等一连串的打击。尽管如此,他仍旧没有停下天文学的研究,终于在五十九岁时发现了天体运行的三大规律。他把一切不幸都化作了推动自己前进的动力,以惊人的毅力摘取了科学的桂冠,成为"天空的立法者"。

可以这样说,是逆境造就了开普勒。既然逆境谁都无法逃脱,那就换一个角度,把逆境转换成动力,勇敢地去面对,积极地去改造。幸运之神一定会偏爱这些奋斗者,必定赐予他与努力对等的成功。

40. 子路①问君子。子曰:"修己以敬②。"曰:"如斯而已乎?"曰:"修己以安人③。"曰:"如斯而已乎?"曰:"修己以安百姓。修己以安百姓,尧舜其犹病诸!"

①子路:又称仲由、季路,比孔子小九岁。子路出身贫贱,年轻时性格粗鲁,为人耿直,好勇义气。拜孔子为师后,变得富有自我批判精神,且颇具治理政事的才能,是孔子最得意的门生之一。

②敬:做事专注、敬畏。

③安人:安顿自己身边的人。

子路问何为君子之道。孔子说:"修养自己,严肃认真地对待政务。"子路说:"这样就可以了吗?"孔子说:"修养自己,使身边的人得到快乐。"子路又说:"这样就可以了吗?"孔子说:"修养自己,使百姓得到安乐。修养自己,使百姓得到安乐,尧舜大概还没有完全做到啊!"

解 析

对于子路所问的"君子之道",孔子用"修己以敬"、"修己以安人"、"修己以安百姓"三点来回答。这里"修己"的内核还是仁爱精神。孔子告诉子路,一个君子首先自身具备大爱,才能爱别人。任何人不能给别人自己也没有的东西,三个境界层层递进,反复强调"修己"才能"安人"、"安百姓"。最后提到连尧舜也未必完全能够做到。这一方面说明君子的道德修行是多么不易,另一方面说明儒家思想"修己安人,内圣外王"的人生理想是多么可贵。

有一位著名历史人物在这方面做得相当不错,他就是北宋的政治家、军事家、文学家范仲淹。

范仲淹(989—1052),字希文,苏州吴县人。两岁时父亲去世,母亲改嫁到长山县朱家,他跟随母亲去了朱家。范仲淹少年时家境非常贫寒,但他从小就有志气节操,立下了"不为良相,则为良医"的志向,立志救济天下苍生,因此学习格外用功。冬天读书十分疲乏时,他用冷水洗脸,每日只靠喝稀粥度日。一般人不能忍受的困苦生活,范仲淹从不叫苦。

二十七岁时范仲淹考中进士,始有官职,生活状况略有改善,他就从微薄的俸禄中挤出一部分来供养前来求学的四方游士,自己的几个孩子却要轮换穿一件好衣服才能出门。他通晓五经,长于《周易》,当时学习经学的人大多向他请教。

四十五岁时,范仲淹升任苏州知州。苏州发大水,民田不能耕种,他疏凿五条河渠,导引太湖水流入大海,又募人兴修了水利工程。后因其直言强谏而屡遭贬斥,久不被用。

他五十二岁时任陕西经略安抚副使,改革军制,修筑城塞,巩固边防,使西夏人不敢进犯。他采取屯田固守的政策,安抚少数民族,深得羌人爱戴,以至于羌人画了他的肖像并建生祠纪念他。

范仲淹五十四岁时任参知政事,入朝参与主持朝政。他主张改革官吏的选拔、任用、考核制度,以抑制、裁撤冗员;主张重视农桑,整治武备,推行法制,减轻徭役。这些措施大都陆续被颁布推行,但他却为守旧派所不容,遂被外放到任州、邓州、杭州、青州等地任知州。他所作的文章和诗词超凡脱俗。五十八岁时,范仲淹作《岳阳楼记》,有"先天下之忧而忧,后天下之乐而乐"的名句传诵后世,这正是他磊落胸怀的写照。

六十四岁时,范仲淹病重。其间,宋仁宗经常派使臣前去慰问,并赐予他良药。他死后,被加封为兵部尚书,宋仁宗给他的墓碑亲笔书写了"褒贤之碑"四个字,并为他的离世悲伤了很长一段时间。范仲淹死后谥号"文正",世称"范文正公"。

范仲淹内心刚强而外表温和,为人忠厚,十分孝顺父母。妻儿的衣食家用,极为节俭,一家人常常穿着粗布素衣。他死后,子女们甚至没有钱财为他举办像样的丧事。他把出将入相几十年所得的俸禄,在家乡购置义田一千亩,用来赡养本族的穷人,使他们有饭吃、有衣穿,婚丧嫁娶都给予资助。他博爱众人,乐于行善,当时的读书人很多出自他的门下,城乡的普通百姓都能说出他的名字。因为他为官所到之处,多有恩德,百姓听到他的死讯,无不扼腕叹息;他当年治理过的西北羌族大小首领几百人,为他斋祭痛哭三天才散去。

范仲淹有四个儿子,范纯佑、范纯仁、范纯礼、范纯粹,后来都做了公卿,像其父一样,他们个个都舍财济众。范家的曾孙辈也极为发达,直到现在,虽然已是一千多年了,范氏后人仍然人才辈出。

北宋诗人钱公辅曾这样评价范仲淹:"公之忠义满朝廷,事业满边隅,功名满天下,后世必有史官书之者。"范仲淹不仅给他的子孙,而且给我们所有人留下了一笔宝贵的精神财富。

检 测

一、填空

1. 子曰:"知者不_____,仁者不_____,勇者不_____。"智、仁、勇被称为"_____"。

2. 子曰:"听讼,吾犹人也。_____!"

3. 子曰:"君子成人之美,不_____。小人反是。"

4. 子夏为莒父宰,问政。子曰:"无欲速,无见小利。_____,见小利_____。"

5. 子曰:"古之学者为己,_____。"

6. 子曰:"不患人之不己知,患_____。"

7. 或曰:"以德报怨,何如?"子曰:"何以报德?_____,_____。"

8. 子曰:"不怨天,_____,下学而_____。知我者其天乎!"

二、问答

1. 我们做人做事的时候,为什么急功近利的思想要不得?

2. 子路向孔子请教君子之道,孔子是从哪三个方面回答的?孔子为什么说这三个方面连尧舜也未必能做到?

第七节 《论语》节选四十一到五十则解读

41.子曰:"躬自厚而薄责于人,则远怨矣。"

译文

孔子说:"反躬自问严格些,责备别人宽松些,就可以避免怨恨了。"

解析

这句话同"古之学者为己,今之学者为人"、"君子求诸己,小人求诸人"、"不患人之不己知,患不能也"、"人不知而不愠"等放在一起,就是"为己"、"由己"、"求诸己",即向内求,这正是儒者修养的下手处。

具体说来:1.经常反躬自问:我与别人交往中有没有做什么伤害别人、对不起别人的事情?一旦有,及时纠正。2.对别人的过错行为,要尽可能地给予宽容和理解,尽可能地少责备他人。

这样才能最大限度地减少别人对自己的怨恨或埋怨。

周先生与钱先生在一个楼道里对门住着。远亲不如近邻，两人低头不见抬头见，就成了朋友。周先生在大学里讲授佛教哲学，受他的影响，家人也爱学禅、习禅。钱先生是一位正直无私的好法官，只认理，不受贿、不畏权，铁骨铮铮，人们对他交口称赞。然而，清官难断家务事，钱家经常战火纷飞，隔三差五便有争吵声传出，嗓门一个比一个高。与钱家相反，周家从来不吵架。钱先生感到很奇怪。俗话说"瓢勺难免碰锅沿"，周家为何不闻"锅碗瓢盆交响曲"？一次，钱先生家又激烈交火，钱先生落荒而逃，独自一人在小区旁的小饭馆里喝闷酒。恰巧周先生从窗外经过，钱先生便把他拉了进去。周先生以茶代酒与钱先生边喝边聊。钱先生趁着酒劲，向周先生请教："奇怪，你们家像是不食人间烟火似的，从来没听见过吵闹声。为什么？"

周先生说："你们家之所以总是吵架，是因为你们家都是好人。我们家之所以不吵闹，是因为我们家都是坏人。"

钱先生无论如何也没想到他会这么说，不好意思地说："老周，你说笑话了吧？我是认真的！"

周先生一脸的认真，说："谁不是认真的？我一点都没有说笑。你是法官，请你说说，常有理的，是不是好人？坏人是不是总没理？"钱先生说："一般情况下是这样。"周先生接着说："你们家都是好人，都觉得自己是对的，都有理，都想征服对方，所以就会经常产生摩擦，就对立起来，也就吵闹个没完。而我们家里的人，都认为过错在自己，是自己首先错了,有什么问题赶紧认错。没有火药,哪来的战争呢?"

"这……"

看着钱先生一副似懂非懂的样子,周先生将手中的茶杯放在餐桌边上,说:"比如这个茶杯,有一个人把它这样放在桌子边沿上,另一个毛手毛脚的人把它碰落下去,摔了个粉碎。他如果不认为是自己粗心的过错,必定会大喊大叫:'是谁把茶杯放在这个碍事又危险的地方的?'而放茶杯的人一定不服气,反驳道:'你如果不碰,怎么会打碎呢?'打碎茶杯的人当然不肯承认是自己的责任,就会争辩说:'你如果不把它放在这个地方,我怎么会碰倒它呢?'如此这般,必定争吵个没完没了。同样的事情,如果发生在我们家,打碎茶杯的人会马上说:'对不起,是我不小心。'并且他会立刻进行清理,以免碎玻璃扎伤人。而放茶杯的人也会不好意思,赶紧把责任揽到自己头上,检讨自己的茶杯放的不是地方。于是,一个人拿拖把,一个人收拾玻璃渣,共同将上上下下清理干净。老钱啊,这就是你们家争吵,而我们家相安无事的原因。"

说完,周先生悄然离去。而钱先生呢,手拿酒杯忘了喝,看着周先生比画过的茶杯陷入了深思。

42.子曰:"君子求诸己,小人求诸人。"

孔子说:"君子要求自己,小人要求别人。"(另译为君子依靠自己努力,小人依靠他人扶助)

生活中遇到困难、挫折,我们常常会将失败的原因归咎于他人,却很少先从自己身上找原因。这句话告诉我们"行有不得,反求诸己"内归因的道理。

43.子贡问曰:"有一言而可以终身行之者乎?"子曰:"其恕^①乎!己所不欲,勿施于人。"

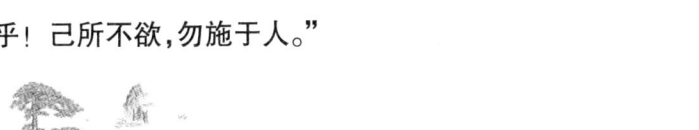

①恕:如心、同心。人同此心,自己的心和别人的心是一样的。这里指"忠恕之道",将心比心,推己及人。

子贡问孔子:"有一句我必须终生去奉行的话吗?"孔子说:"那大概是'恕'吧!自己不愿意要的,不要强加给别人。"

 解析

孔子为什么给了子贡这样的回答呢？因为子贡是个极其聪明又极具经商天赋的人。生活中的绝大多数场合，子贡都是强者，所以孔子要子贡切记，不要把自己的意志强加给比自己弱的人。

44.子曰："巧言乱德。小不忍，则乱大谋。"

 译文

孔子说："花言巧语足以败坏道德。小的地方不忍耐，就会败坏大事情。"

解 析

此语可从两个方面理解:1.儒家思想特别反对巧言令色的人。认为巧舌如簧、能言善辩者专干挑拨离间、搬弄是非的坏事,从而破坏他人乃至整个社会的德行。2.孔子教导人们做事要有轻重抉择,为了成就大事须忍受日常小事的烦扰,不能为了逞一时之快,而打乱已谋定的大事之步骤,那将得不偿失。

费无极是春秋晚期楚国的弄臣。费无极当时只是楚平王的普通臣子,但他野心勃勃,急于爬上宰相的位子。他认为太子建和太子的老师伍奢会挡他的道。于是费无极先谄媚太子建,为太子建赴秦国求美女孟嬴,接着为离间楚平王与太子的关系,建议楚平王将孟嬴据为己有,导致楚平王与太子建恩断情绝。后费无极诬陷太子建谋反,受牵连伍奢被捕下狱,太子建被迫逃离楚国。为了斩草除根,费无极出谋诱捕伍奢的两个儿子伍尚和伍子胥,结果伍尚英勇赴难,父子同时被斩首。伍子胥逃亡,并立誓要灭楚以复仇。

逃过伍子胥追杀的费无极,晚年又以巧言馋杀楚国名大夫郤(xì)苑,最终以巧言获罪,落了个灭族的可悲下场。

公元前506年,出任吴国宰相的伍子胥带领吴国军队攻入楚国郢都,楚国遭此浩劫,频临灭亡。

可见巧言之祸,不可谓不大矣!

45.孔子曰:"君子有三戒①:少之时,血气未定,戒之在色②;及其壮也,血气方刚,戒之在斗③;及其老也,血气既衰,戒之在得④。"

①戒:戒备、警惕。
②色:不专指情色,凡是世间一切绮丽可悦之事,都是色。
③斗:不专指嚷斗,凡与才能、技艺、事物相竞,都是斗。
④得:不专指好利,凡一生生计,可以贪图的,都是得。另外也指老年人的固执。

孔子说:"君子有三戒:年轻时,血气未定,要警惕情色;到了壮年,血气方刚,要警惕争斗;到了老年,血气已经衰弱,要警惕贪得。"

这是孔子对人一生的忠告。少年之时,正是人生最要紧时,学业、交友、立志以至人生道路的选择,来不得半点马虎。而这段时期,正值青春萌动,最易沉迷于色,以致耽误了正事,实在应该警觉!中年人争强好胜,为了名利、权势、爱情、面子……钩心斗角、斗智斗勇,以为争到了就幸福了,殊不知,自己想要的是得到了,但祸患也随之而来!老年人通过一生的辛勤耕耘,到了丰收季节,或儿孙绕膝,或财富累累,或名满天下,面对名利与情感,最忌贪得无厌,否则会毁掉名节。另外,老年人也要戒除精神上的成见。以固有的过时的观念看世界,将使自己烦恼,也令别人烦恼。

46. 子曰:"君子有三畏①:畏天命,畏大人,畏圣人之言。小人不知天命而不畏也,狎②大人③,侮圣人之言。"

①畏:内心敬畏,心里服气。

②狎:轻视。

③大人:有德有位之人。

孔子说:"君子有三种敬畏:敬畏天命,敬畏德高望重的人,敬畏圣人的言论;小人不懂得天命而不敬畏,轻视有德有位的人,轻侮圣人的言论。"

关于天命,孔子的语录中多次出现。孔子认为,天命在人事之外,非人事所能支配,又有许多不可知的因素。天赋予人的禀受,有厚薄、偏全的差别,因此每个人的前途命运、生死祸福都由天命决定。天命具有如此伟大的威力,足以令人敬畏。所以孔子说"畏天命","不知命无以为君子",又说自己"五十而知天命",下学人事,上达天命,"知我者其天乎?"与此相反,"小人不知天命而不畏也",轻浮傲慢,守不住自己的本分,天不怕、地不怕,有时甚至胡作非为,做一些伤天害理的事,还拿德高望重之人开玩笑,侮慢圣人的言论等,这些违逆天理良心肆无忌惮的做法必定遭致天谴。所以做人一定要有敬畏感,敬畏天地,敬畏圣人,敬畏祖先,敬畏父母,慢慢地内心就会存有一种对道德的敬畏感。反之,当一个人到了什么都不能约束他的时候,他的失败即将开始。

47.孔子曰:"生而知之者,上也;学而知之者,次也;困①而学之,又其次也;困而不学,民斯为下矣。"

①困:这里指遇到困难、遇到问题。

孔子说:"生来就知道的人,是上等;学习以后知道的人,次一等;遇到困难去学习的人,又次一等;遇到困难还不学习的人,就是下等人了。"

是否有"生而知之"的上上根机的人呢?孔子认为有,否则孔子不会说出这样的话。但他否认自己是这样的人,他说:"我非生而知之者,好古,敏以求之者也。"(《论语·述而》)意思是说,我不是天生就什么都知道的人,我只不过是爱好古圣先贤之道、勤奋敏捷地去探求罢了。在《论语·公冶长》第九则中有这样的记载,孔子问子贡:"你和颜回谁更优秀?"子贡回答说:"我哪敢和颜回比?颜回闻一知十,我只能闻一知二。"孔子说:"是不如他,我与你都不如他。"从这段对话中,可以看出孔子对颜回的欣赏。能言善辩的子贡自叹不如颜回,就是孔子自己,也不一定赶得上颜回,这说明颜回的天资极高,可能具有超乎寻常的领悟能力。有此天资的人属于上等。

"学而知之者"属于人类的精英,稍加点拨即能显现良知,感悟出生命的价值和人生的真谛,从而"修己安人"。这样的人属于次一等。

"困而学之"为人类的大多数,他们的良知通常被欲望深深地掩埋,误以为欲望就是生命的本质,一生的绝大部分时间都按社会的既有规范生活,追求个人利益,满足个人幸福。一旦这样的生活不能继续,遇到困境时,他们也会通过学习,偶尔散发出人类良知的性善之光。这样的人属于又次一等。

"困而不学"是存在某些心理疾病或智力障碍之人,甚至是一些道德败坏之人,需要社会与政府施以救助。因此孔子说"民斯为下矣",就是下等人了。

48.子曰:"唯女子与小人①为难养也。近②之则不孙③,远④之则怨。"

注 释

①小人:这里的小人是小人物、普通人的意思,不是指道德败坏之人。还有一说,指家中的婢仆。

②④近、远:形容词用作动词,亲近、远离。

③孙:通"逊",谦逊有礼。

孔子说:"只有女子和小人物是很难相处的。亲近了就会无理,疏远了就会怨恨。"

这句话如果单从字面上理解,似乎孔子在歧视女性和小人物。这也是千百年来最受女性诟病的一句话。孔子是在歧视女性吗?大家知道,世上所有的人都是女人所生,何况孔子非常强调孝道,他对自己的母亲也是尊重备至。从整部《论语》乃至其他的儒家思想著作中,再找不到第二处类似的话。作为大教育家,教化人心、修正人心是孔子的使命。春秋时期,女子和下层劳动人民是没有资格读书的,只有贵族子弟中的男孩子才能读书,所以孔子办了平民教育,而女子和没有受过教育的小人物"近之则不孙,远之则怨"也就很正常了。孔子所说的这句话只是表明当时的一种社会现象,希望所有的人都能接受教育。尤其是女子、小人物等,处于社会最底层,与他们相处更要有极大的耐心,所以孔子丝毫没有看不起女性和小人物的意思,反之,这句话恰恰表明了孔子的悲悯之心。

49. 子夏曰:"博学而笃志,切问而近思,仁在其中矣。"

子夏说:"广泛学习,坚定志向,诚恳提问,认真思考,仁就在其中了。"

这句话虽然是子夏所言,但表达了子夏对孔子仁的思想的理解。"博学"、"笃志"、"切问"、"近思",是仁人君子的四大特征。

要做到这四点,需从两个角度切入:一是对外在客观世界的探知,二是对内心主观世界的探知。

"博学"是广泛学习,但必须回归到另一个点,就是怎样恢复我们善良的天性。

"切问"是要多问问自己的内心,哪些是恶念,哪些是善念;哪些是自私的,哪些是无私的。

"近思"是要好好地观照一下自己的内心世界,宇宙有多大,心胸就有多开阔,唯如此,智慧才能升起来。

把"博学"、"切问"、"近思"体现在实践自己的志向当中,即"笃志"、"知行合一"、"内圣外王",才能真正达到仁的境界。

50.孔子曰:"不知命,无以为君子也;不知礼,无以立也;不知言,无以知人也。"

 译文

孔子说:"不懂得命运,就无法做君子;不懂礼义,便不能立身处世;不知道言论的是非善恶,就识别不了人的好坏。"

 解析

这段话作为《论语》的最后一则,概括了我们的整个人生。

"不知命,无以为君子也。"孔子在《论语》中多次提及"命",如"死生有命,富贵在天"、"五十而知天命"等。大自然有天道,人类社会有人道,二者应该是一致的,即"天人合一"。

那么,孔子所说的天命就可以理解成客观规律,只要顺应规律,按规律办事,规律就会为我们造福,古人常把这一理念表达为"天命佑之"(老天爷都会保佑你)。

而在诸多规律中,因果规律是各家思想都共同认可的,佛家思想中特别强调因果报应,马克思主义哲学也承认因果联系,一个人不明白因果就不了解自然规律,更不了解自己的命运。明因果,知天命,开智慧,积福报,就离掌握命运、改变命运不远了。

"不知礼,无以立也。"一个人处在社会中,既要受社会外在道德规范的约束,还要将礼义扎根于自己的生命中,提升修养,内外一致,方能立足社会。生活中常见一些人待人处事八面玲珑,把礼做

到家了,内心却往往没有仁爱,所谓"巧言令色,鲜矣仁",虚伪至极,实为伪君子,这样的人怎能立足于社会?

"不知言,无以知人也。"言论是每个人内心世界的写照。一个人不会通过言论来识别人的好坏,更甭谈发现人才、重用人才了。这说明他内心没道,缺乏衡量人的标准,这样的人离君子的要求还很远。

一、填空

1. 反躬自问严格些,责备别人淡薄些,就可避免怨恨。用《论语》中的原话说就是:"＿＿＿＿＿＿＿＿＿＿＿＿。"

2. 子曰:"君子求诸己,＿＿＿＿＿＿＿＿＿。"

3. 子曰:"巧言乱德。＿＿＿＿＿＿,＿＿＿＿＿＿。"

4. 孔子告诫我们君子有三戒,少年、中年、老年时分别戒＿＿＿＿＿,戒＿＿＿＿＿,戒＿＿＿＿＿;君子有三畏,畏＿＿＿＿＿,畏＿＿＿＿＿,畏＿＿＿＿＿。

5. 孔子曰:"不知命,＿＿＿＿＿＿;不知礼,＿＿＿＿＿＿;不知言,＿＿＿＿＿＿。"这段话概括了我们的整个人生,一个人要知命、知礼、知言。

6. 子夏曰:"博学而笃志,切问而近思,仁在其中矣。"从这句话可以看出,仁人君子的四个特征是＿＿＿、＿＿＿、＿＿＿、＿＿＿。

二、问答

子曰:"唯女子与小人为难养也。近之则不孙,远之则怨。"很多人都认为这句话是孔子在歧视女性,你怎么看?

第三单元 《大学·经》

第一节 《大学》导读

这里的"大学"一词,不是我们现代社会所指的某某大学、高等学府,而是"大学问"的意思,也有人解释为"大人之学",即君子达道从政之学。

一、《大学》是一部什么样的书

《大学》是中国古代儒家思想名篇之一,原是《礼记》中的一篇,成书于春秋时期。它分为《经》一章,是曾子记录孔子的话;《传》十章,是曾子对孔子言论的理解,由曾子的学生记录而成。《大学》在宋代时独立成书,到元代时被指定为封建社会科考用书之一。《大学》是中国古代思想文化的宝贵财富。开篇提出的"三纲八目",不仅有利于个人修养,而且是几千年来仁人志士建功立业为之奋斗的人生追求,如今已成为中华民族精神的一部分,绵延不绝。

二、《大学》里的"三纲八目"分别是什么

三纲:明明德、亲民、止于至善。
八目:格物、致知、诚意、正心、修身、齐家、治国、平天下。

三、我们今天学习《大学》有什么现实意义

从个人来说,我们读书以来,学了许多知识、技能、谋生的手段,但还是觉得领略不了宇宙人生的真谛,就像人们生活在五欲六尘

中,贪嗔痴慢疑、怒恨怨恼烦,活不出轻松自在,心总是惶惶然不知安放何处。如何让自己的心灵从容淡定,安详自在?《大学》从格物致知、诚意正心、修身养性等方面给大家指明了方向,能让我们的心变得宁静坦然、自由自在,使我们的幸福感提升。

从社会来说,由于大多数人对物质的追求胜过对精神的追求,以至于整个社会人心浮躁,物欲横流;人们没有精神支柱,随波逐流。学习《大学》,能让我们找到人生价值实现的目标和方法,营造和谐的社会氛围,提升我们的道德修养,从而更好地服务社会。

从国家来说,中国传统文化越来越成为民族凝聚力和创造力的重要源泉,越来越成为综合国力竞争的重要因素,让祖国变得更强大越来越成为国人的热切愿望。《大学》正好告诉我们怎样修身齐家治国平天下。所以,我们非常有必要研读《大学》。

从整个世界来看,到2011年10月底,全球人口已达七十亿。由于人口多,资源匮乏,加上全球气候异常,生态恶化,粮食短缺,与此同时,恐怖主义和领土争端摩擦不断,跨国毒品交易泛滥,国际网络诈骗频繁……这些问题的出现,与整个世界过分重视科技,忽略人与人、人与自然和谐相处有着极大的关系。"人类如果要在21世纪生存下去,就必须回到两千五百年前,去孔子那里汲取智慧。"儒家思想成为解决全球问题的一剂良药。所谓修齐治平,就是要通过修身齐家,达到国家安定、世界和平的局面。

一、填空

《大学》是儒家重要经典之一,这里的"大学"是_____之意,也有人解释为"大人之学",即_____。

二、问答

1.《大学》是一部什么样的书?

2.《大学》里的"三纲八目"分别是什么?

3.我们今天学习《大学》有什么现实意义?

第二节 《大学·经》原文

大学之道,在明明德,在亲民,在止于至善。知止而后有定,定而后能静,静而后能安,安而后能虑,虑而后能得。物有本末,事有终始,知所先后,则近道矣。

古之欲明明德于天下者,先治其国;欲治其国者,先齐其家;欲齐其家者,先修其身;欲修其身者,先正其心;欲正其心者,先诚其意;欲诚其意者,先致其知;致知在格物。

物格而后知至,知至而后意诚,意诚而后心正,心正而后身修,身修而后家齐,家齐而后国治,国治而后天下平。

自天子以至于庶人,一是皆以修身为本。其本乱而末治者否矣,其所厚者薄而其所薄者厚,未之有也。此谓知本,此谓知之至也。

第三节 《大学·经》解读

大学之道①

注 释

①道：中国古代儒、道、释三家思想论述的同一个核心问题就是道，它相当于规律，但比规律的范畴还广；它是抽象的，又是实实在在存在的。我们姑且从以下几个方面理解：1.道是路，地上有弯弯曲曲的路，可引申为人生之路的不平坦。2.道是万事万物生成变化发展的基本规律和基本准则。大自然中有天道，即自然规律；人类社会中有人道，即社会规律和人们的交往准则。二者在广大、奉献、博爱方面是一致的，所以中国文化特别讲究"天人合一"。3.道是方向，心中有道，万事明了。4.明道是为了修德。道是内核，明白道理再去做事，跟着规律走，最易成功，这个过程就是修德的过程。

译 文

大学之道就是君子正心修身、达道从政的大学问。

在明明德

（大学的宗旨）在于把自己心性中光明美好的一面彰显出来。

我们的心性本来是湛蓝清净、充满光明的，像太阳一样发光发热，但常被云雾遮盖——这层云雾可以理解成父母遗传给我们的秉性（脾气、性格）、后天环境的习染、教育的影响等，把我们觉照的功能给遮盖了，好比眼前罩了一层雾，看世界万事万物都产生错觉，因此会带着成见假象拿主意、做抉择，同时还会产生怒恨怨恼烦等负面情绪。"明明德"就是要恢复我们湛蓝清净的本性，拨云见日，彰显本性。更深层的含义，"明明德"是让我们的心能真正体悟到天地万物一体，自然而然就对山河大地、芸芸众生产生一种仁爱慈悲的情怀，看一切都像看自己的亲人一样，这就是接下来要讲的"亲民"。

在亲①民

①亲：仁爱、悲悯。

在于以仁爱、悲悯之心教化百姓。

当我们明道了,看任何东西都亲切,包括有生命的无生命的天地万物、人类众生,我们会情不自禁地生出仁爱之心去帮助他们,因为我们的感觉就是他们的感觉,这叫同体感。学习儒家文化,就要从培养同体感开始,从"亲民"做起。

在止于至善

在于使人达到至善至美的境界。

我们的心性本来就能达到至善至美的境界,只是因为被遮盖了,现在要通过明道,让我们的言行自然而然地合于法度,内心知善知美,行走在光明的中庸之道上,就是至善之道。孔子讲的"七十而从心所欲,不踰矩",就是修养的境界达到了至善至美,做事合于中庸、合于法度,能倾听内心的声音,把心安住在仁德的境界,随心所欲、自由自在。怎样才能达到这种境界呢?下文讲到了止、定、静、安、虑、得,也就是修养的过程。

知止^①而后有定^②,定而后能静^③,静而后能安^④,安而后能虑^⑤,虑而后能得^⑥。

①止:是修养的目标,志于中庸之道,至善至美,坚定不移。一个真正的儒者不应只为功名利禄、升官发财而来,而应该"修己以安人,修己以安百姓","以天下为己任",即上文讲的"止于至善"。

②定:志向坚定,一心不乱,定于道上。

③静:心灵宁静,不被外物诱惑,能耐得住寂寞。另外还有开阔的心态之意,宇宙有多大,人心就应有多大。

④安:安详坦然、喜悦自在。古人形容靠近这样的人如沐春风。

⑤虑:思维缜密,看问题透彻精准,智慧升起来了。

⑥得:心性的光明彻底彰显出来,即上文所说的"明明德"。

明白了至善至美的境界,才能志向坚定;志向坚定才能心灵宁静;心灵宁静才能安详坦然;安详坦然才能思维缜密;思维缜密才能把光明的心性彻底彰显出来。

物有本末,事有终始,知所先后,则近道矣

译 文

万事万物都有根本和枝末,每件事情都有开始和终结,明白了万事万物的主次顺序,就接近了道。

解 析

此段承上启下,是告诫世人要通达万事万物之本末及发生次序,做事分清轻重缓急,且要善始善终,这才算接近了道。

古之欲明明德于天下者[1],先治其国

注 释

[1]古之欲明明德于天下者:指尧舜禹汤文武周公这些古圣先贤,都是明白了光明心性的人。

译 文

古代那些想让天下人过上富裕文明和平安宁日子的人,先治理好自己的诸侯国。

治国之事，看起来甚大，不过诚意之功而已。那些古圣先贤治理自己的诸侯国，就是诚心诚意地替百姓着想，把这种工夫下到极致，便是"明明德"于天下之日，天下太平也就指日可待。

欲治其国者，先齐其家

要治理好自己的诸侯国，必先使自己的家族齐心协力。

这里的家是指古代的大家族，几代人成百上千口住在一起，那些贤能之人能将这样的家族管理好，让整个大家族齐心协力，同心同德。这一步又该怎么做呢？就是面对家族中的每一位成员，担负起自己应尽的责任。这个责任不会因自己的情绪而有所变化，也不会因对方的缺憾而有所变化。对待长辈，这个责任就是孝；对待平辈，便是悌；对待晚辈，便是慈。孝悌慈都源于自己内在的一种要求，并不是外力强加给自己的。自己的内心不存宽恕之心，却希望别人能做到宽恕，这样的事情从来也不会发生。自己做好了，自然能在言谈举止之间晓谕他人，此乃不教之教，是为大教也。齐家做好了，治国也就不难了。

欲齐其家者,先修其身;欲修其身者,先正其心

译文

要想自己的家族齐心协力,必先修养好自己的德行;想修养好自己的德行,必先使自己的心正。

解析

怎么修养德行呢？控制好自己的身体、语言和思想,尽量使自己的言谈举止不伤害他人,进一步还要做到对他人有利,这就要控制自己的心,心要正,不要失衡。心正最重要的是消除负面情绪。当我们的贪欲、嗔恨、怒气、烦恼等负面情绪产生的时候,就想一想我们的心性被罩了一层雾,对客观世界以及自身的认识几乎都是模糊的,很难看到真相,还贪什么呀？生什么气？相反,还要同情别人,持感恩心,有一份悲天悯人的情怀,宽容他人,当然也不能太苛责自己,能做到这些,就是心正。内心纯正,方能"明明德"、"亲民"、"止于至善",这是修身的内核。

欲正其心者,先诚其意

译文

想要端正自己的心性,先要使自己的意念真诚。

意诚最重要的是不自欺欺人,这就要求我们不仅做到行为上的慎独,更要做到思想上的慎独。能把宇宙人生打通的道就是诚,古人讲的精诚所至,金石为开,至诚通天就是这个道理。诚意是儒家修养的关键所在。

欲诚其意者,先致其知;致知在格物

想诚心诚意地修养自己,先得明白宇宙真谛,开启人生智慧;那就探究一下宇宙人生的本来面目(内在规律)吧。

格物的物,分为两大类六个方面,第一类是对我们自己的观察,包括观察我们自己的身体(身)、情感情绪(心)、思想观念(意)等;第二类是对环境的观察,包括家、国、天下。要想使自己的思想观念符合事实,而不是臆测和妄想,就要身临其境,直接和各种现象面对面。格物的下手处从观察自己开始,即内观。具体从观心或观身开始均可,然后逐渐过渡到对外境、家国、天下的观察。

致知就是在深入观察中逐渐消除错误的观念、错误的认知,生成真知灼见,看清事物的真相,看清生命的本质。真知灼见最彻底的地步,就是观察到"天地万物为一体"。格物致知的目标,就是要看到生命现象,以及万事万物的真相,了解我们的生命,以至于万事万物的运行方式。

格物致知的五个步骤:

第一步是觉知。例如,我们在待人接物的过程中,某个人的言语行为刺痛了我们,我们心中产生一种很不舒服的感觉,有一种想要反击的冲动。这时,我们要及时觉知到这种情绪。

第二步是命名。觉知到情绪之后,要对其准确命名,如这种情绪叫烦。一方面体验、观察这种情绪,同时心中给这个情绪贴标签,默念"烦、烦、烦……"

第三步是观察。情绪的变化必然带来身体的变化,当烦恼产生时,肌肉紧张、心跳加快、呼吸急促,等等,把注意力放在身体的感受上,我们会很自然地感受到身体平静下来,烦的情绪也烟消云散。

第四步是真相。我们看到了烦恼的真相,它是变化无常的,它不是主人,而是像云朵一样飘来飘去。我们以前错把客人当成了主人。

第五步是"知行合一"。当我们观察到烦恼的真相,烦恼便失去了控制能力,我们便从不良情绪中走了出来,一种轻松解脱的感觉油然而生。内心的温柔、慈爱、喜悦会自然涌现,此时是良知呈现的状态,良知自然会导引我们的行动。

以上是格物致知的五个步骤。初开始练习时,每一个步骤都不要省略,要一步一步严格做完。在反复练习的过程中,逐渐品尝到其中的味道,产生喜悦,进而乐此不疲,智慧就会在这个过程中慢慢生发出来。这正是"学而时习之,不亦说乎"的道理。

物格而后知至,知至而后意诚,意诚而后心正,心正而后身修,身修而后家齐,家齐而后国治,国治而后天下平

通过对自身和万事万物的观察,才能明白生命的本质和事物的运行方式,而后才能意念真诚,意念真诚才能端正心性,端正心性才能修养好自己的德行,修养好自己的德行才能治理好自己的家族,治理好自己的家族才能治理好自己的诸侯国,治理好自己的诸侯国才能让天下太平。

格物—致知—诚意—正心—修身—齐家—治国—平天下,"大学之道",起于格物。先从格物做起,明确人生宗旨,然后目标一步步扩大,中间以修身为基础。前五目是向内修养,提升自己的道德文化水平,即修己,也叫内圣,是前提;后面的三目是向外立功,是安人,也叫外王(外王是能做各行各业的栋梁,不是称王的意思),是目的。儒家思想看起来复杂,概括起来就是"入则修身养性,做好学问;出则经世济民,为国栋梁"。这便是儒者的使命。

自天子以至于庶人,一是皆以修身为本。其本乱而末治者否矣,其所厚者薄而其所薄者厚,未之有也①

①其所厚者薄而其所薄者厚,未之有也:厚,厚待、重视,指对待人、事物付出很多的时间、精力,这里指在修身(修身的根在格物致知)方面下了大工夫。薄,回报微小,指在齐家治国平天下方面作用不大。正常的规律是所厚者厚,所薄者薄,如果出现所厚者薄,所薄者厚,那是不可能的,所以文中说"未之有也"。

从天子一直到平民,一切人都要把修身作为根本。一个人修身的工夫没做到家,却想齐家治国平天下是不可能的;他在修身上做得很好,却在齐家治国平天下方面起不到应有的作用,这也是绝对不可能的。

天下兴亡,匹夫有责。在中国古代传统中,上自天子,下至黎民百姓,无数仁人志士确实按照"三纲八目"度过他们的一生,以天下为己任,治国安邦,有的人为此付出自己甚至整个家族的生命都在所不惜。

此谓知本,此谓知之至也

译文

懂得这些就叫作知道根本,这就是最高的智慧。

我们来看周公"握发吐哺"的故事。

周公姓姬名旦,生卒年月不详,是周文王的第四子、周武王的弟弟,西周时期著名的思想家、政治家、军事家、教育家。在儒家的传统当中,他被称作"元圣"。"元圣"就是最早的圣人、最大的圣人。所以,他也被视为儒学的先驱。他是孔子一生最钦佩的人。

周文王时,周公就很孝顺仁爱。后来他辅佐兄长周武王东伐纣王,为推翻商纣王的黑暗统治,建立文明进步的周王朝,立下了赫赫战功;为安定生活,他又制作礼乐,建立制度,终于天下大治。因此,他得以跻身于周的最高权力核心,被册封为公爵,在当时所有的文臣武将中,爵位最高,权力最大,故称周公。周天子把鲁地封给周公,周公没有到封地去,而是留在王朝辅佐武王。周武王去世后,周成王还是个婴儿,他又辅佐成王管理天下,派自己的儿子伯禽前去管理封国。当伯禽离京就任时,周公颇为感慨地告诫伯禽说:"我是文王的儿子、武王的弟弟、成王的叔父,又辅佐着天子,对整个天下来说,我的地位已经很高了。但是,我深知周朝的天下来之不易,是先王、太王、季王和文王相继打下了基础,到武王时才如愿以偿。目前,百废待兴,百业待举,要治理好国家,需要多方面的人才共同努力。为了辅佐武王,我竭诚广揽人才。为接待贤能之士,我每天忙得不可开交。有时候洗一次头需要中断三次,吃一顿饭需要三次放下筷子,吐出口中的食物。尽管如此,我仍怕错过天下的贤人。所以,你到鲁国后,一定要勤奋谨慎,礼贤下士,爱护百姓,万不可因拥有国家权力而骄慢待人!"这就是"握发吐哺"典故的来历。

周公作为权倾天下的摄政王,殚精竭虑地工作,忠心耿耿地辅佐武王、成王直至逝世,为周王朝的建立和巩固作出了重大贡献。在成王二十岁生日那天,周公为他举行了隆重的加冕典礼,同时,举行了郑重的权力交接仪式。在权力的诱惑面前不为所动,在大权在握时突然主动放弃,后人称赞他"周公返政,小人惭竦!"周公还主动自贬爵位,以至于他的子孙后代,只能世袭侯爵的封号,后人又称赞他"周公封鲁,道德风靡!"他亲自制定周礼,编纂《周易》,为我们奠定了传统文化的根基,铸就了华夏民族的灵魂,身体力行,高风亮节,足堪后世楷模。

一、填空

1. "_____",就是把自己心性中光明美好的一面彰显出来。

2. "止于至善",就是让我们的言行自然而然_____,内心_____,行走在光明的_____上,就是至善之道。

3. 知止而后有_____,定而后能_____,静而后能_____,安而后能_____,虑而后能_____。

4. 物有_____,事有_____,知所_____,则近道矣。

二、问答

1. 中国古代儒、道、释三家思想论述了同一个问题,就是道,它相当于规律,但比规律的范畴更广。道的含义究竟是什么呢?

2.《大学·经》中的齐家、治国、平天下的含义分别是什么?

3.《大学》通篇的主题是什么?你的依据是什么?(用原文回答)

第四单元 《中庸》第一章

第一节 《中庸》导读

一、《中庸》是一部什么样的书

《中庸》的作者孔伋（前483—前402），字子思，是孔子的孙子，春秋末年战国初期著名的思想家。文章阐述了中庸之道，提出"大本"（中）、"达道"（和）的观点，理论基础是"天人合一"。提倡人们应该诚心诚意地进行自我约束、自我教育和自我修养，达到至仁至善至诚的境界。从而正确处理人际关系，并以此治理好国家，最终达到天下太平、和谐发展的目标。《中庸》是我国古代儒家思想的重中之重，对中国人的精神世界有着非常重要的影响。

二、什么是中庸之道

中庸是儒家最根本的见地，我们常人总觉得生活在阴阳两极、二元对等的世界中，看问题容易走极端、跑两边。如果能够超越极端，超越两边，就叫作中，即无极。庸者，用也。中的作用体现出来就是庸。中庸有三层含义：1.中庸指做人做事恰到好处，恰如其分，适度适中，不过分也没有不及，做得很漂亮。2.中庸不是不偏不倚、骑墙折中，而是对症下药、量体裁衣，具体问题具体对待。3.中庸的道理就在我们的日常生活中，看起来普通平常，但平庸才能长久，普通才能伟大，就看你会不会合道而行，有没有在平凡中孕育伟大的耐力，这一点恰恰被多数人所忽略。

第二节 《中庸》第一章原文

 经典诵读

天命之谓性,率性之谓道,修道之谓教。

道也者,不可须臾离也,可离非道也。

是故君子戒慎乎其所不睹,恐惧乎其所不闻。莫见乎隐,莫显乎微,故君子慎其独也。

喜怒哀乐之未发谓之中,发而皆中节谓之和。中也者,天下之大本也;和也者,天下之达道也。致中和,天地位焉,万物育焉。

第三节 《中庸》第一章解读

天命之谓性,率性之谓道,修道之谓教

上天赋予我们纯善无恶的天性,顺着这样的天性做人做事就符合了天道,同时根据圣人的教导,做人做事的时候切记修正过与不及,使一切事物皆能合于正道,这种依天道和圣人的教导去修养的过程叫作教化。

孔子没有明确指出人性是善的还是恶的,他讲的天命是指自然规律,他认为上天会赋予人们前途命运、生死祸福等,且有厚薄、偏全的差别,而人的所作所为、道德修养应该符合天命,这样上天才会眷顾你,所以对上天有深深的敬畏感。到了子思所处的战国时代,对人性的认识,认为不仅有纯善无恶的一面,也有纯恶无善的一面,还有可善可恶的一面。修养一方面是要恢复纯善无恶的天性,弃恶从善;另一方面是修正过与不及,使一切言行皆能合与正道,即合于中庸之道,这样的修养才算真正符合天道。而教化不仅指教化自己,也指教化他人,这也是最好的教育思想。

　　孔子的学生子贡曾经问孔子:"子张和子夏哪一个贤一些?"孔子回答说:"子张过度,子夏不够。"子贡问:"那么是子张贤一些吗?"孔子说:"过度与不够是一样的。"也就是说,过度与不够都不符合中庸之道。中庸的要求是恰到好处,"增之一分则太长,减之一分则太短;著粉则太白,施朱则太赤"(战国·宋玉《登徒子好色赋》)。由此可见,一些在为人处事上好钻牛角尖、好出风头、好走极端的人绝对不符合中庸之道。

　　在处理人际关系上,中庸就是"忠恕之道",就是"施诸己而不愿,亦勿施于人",正是孔子"己所不欲,勿施于人"思想的发挥。

道也者,不可须臾离也,可离非道也

道是一刻也不能离开的,如果离开了就不是真正的道了。

　　道就在我们的日常生活中,就像人们每天的吃饭喝水一样平常,正因为寻常,最易被人忽略。人除了对物质上的需求,道德修养也是须臾不能离开的。今人大都追求身外之物,觉得道德修养可有可无,其实这是人生必不可少的一课。通过日常的生活、学习去修炼自己,达到平和淡定、洒脱从容的境界,即所谓平平淡淡才是真。所以我们不要忘记了越是庸常的生活越蕴涵着大道,悟出道

来,合道而行,平凡中才能真正孕育出伟大。

是故君子戒慎乎其所不睹,恐惧乎其所不闻。莫见乎隐,莫显乎微,故君子慎其独也

译文

这段话有两种解释。第一种是从道理上说的:道就在我们的平常生活中,时刻不离左右,可是有多少人身在道中不知道,熟视无睹,充耳不闻,实在应该警戒和恐惧!不要以为道看不见、摸不着,就不存在(隐微,即道的抽象性)。所以君子在一个人独处时应当慎重啊(不做不合道义的事)!

第二种是从实修上说的:君子是德行和学问修养都很高的人。他们总是在自己的行为不被看见的地方,也保持谨慎警戒,在自己的声音不被听见的时候,也总是恐慌畏惧。自己动的每一个念头,别人看得隐微,自己最清楚明白(显现),所以君子在独处时一定要慎重啊!

解析

此段话的中心词是"慎独",是君子修养的高境界,提升到了心性修炼的层次,即《大学》里所说的"明明德",恢复湛蓝清净的本性。可是,我们常人还是不知道怎样去操作,因为它说得太抽象、太隐晦。我们不妨从两个角度做起:一是儒家思想修养的根基——"尽五伦","五伦"即"父子有亲,君臣有义,夫妇有别,长幼有序,朋友有信"。从这五方面下手做起,守住自己的本分(守道),不要和别人要道。二是从做学问的角度,要择善固执,即守住善道不放松,坚持不懈,持之以恒,中间的过程就是"博学之,审问之,慎思之,明辨之,笃行之"。要把以上这些都做好,离不开一个"诚"字,至诚能开智慧,唯有天下至诚之人,才能充分发挥自己的天性,才能充分发挥别人的天性,而后才能充分发挥万物的天性,慢慢地就把天地人我合为一体。只有与天地合参,把心性提高到"天人合一"境界的时候,才是真正的"慎独"。

喜怒哀乐之未发谓之中,发而皆中节谓之和

译文

喜怒哀乐等情绪还没有发生的时候,心是平静无所偏倚的,称之为中;如果情绪发生了,且生发的都能合乎节度,没有过与不及,则称之为和。

解析

喜怒哀乐是每个人正常的情绪变化,但我们完全能够发现自己情绪的变化、念头的起伏流转,这要依靠我们湛蓝清净的本性去发现。我们把这种清净的本性,叫作中,用它来驾驭或化解自己的欲望、情绪、习气,使之抒发得有理有度有节,叫作和,即"发而皆中节"。

许多人都把"喜怒哀乐之未发谓之中,发而皆中节谓之和"理解成控制住情绪,不轻易抒发,认为发脾气就是没涵养,岂不知情绪是

不能压抑控制的,只能化解,情绪压抑久了对人的身心健康极为不利,化解需要明道,明道了自然中和,达到身心和谐、内外和谐,乃至人与社会、人与自然的和谐,命运才会慢慢转变。

每个人都有七情六欲,都要抒发情绪,但抒发到什么程度才算合适呢？请看下面一则故事。

日本企业家松下幸之助有一次批评他的下属后藤,因为后藤犯下了一个大错。松下幸之助怒火冲天,一面用撩火棍敲着地板,一面严厉责骂后藤。后藤虽然知道是自己错了,但仍然觉得老板不该这样责骂他。骂完之后,松下幸之助注视着撩火棍说:"你看,我骂得多么激动,居然把撩火棍都扭弯了,你能不能帮我把它弄直?"这是一句多么绝妙的请求！后藤自然是遵命,三下五除二就把它弄直了,撩火棍恢复了原状。松下幸之助说:"咦？你的手可真巧啊！"随后,松下幸之助脸上绽开了亲切的微笑,很高兴地赞美着后藤。至此,后藤一肚子的反抗心理,立刻烟消云散了。

更令后藤吃惊的是,他一回到家,竟然看到太太准备了丰盛的酒菜等他。"这是怎么回事？"后藤问。"哦,松下先生刚来过电话说:'你家老公今天回家的时候,心情一定非常差,你最好准备些好吃的让他解解闷吧。'"

此后,后藤工作干劲十足,很少出错。

从故事中可以看出,松下幸之助把自己的情绪发得淋漓尽致,收得恰到好处。

我们再看伟人是怎样抒发情绪的。

毛泽东为中国革命和解放事业奋斗了一生,牺牲了六位亲人:妻子杨开慧、长子毛岸英、大弟毛泽民、小弟毛泽覃、堂妹毛泽建、侄子毛楚雄。1957年毛泽东填过一首词《蝶恋花·答李淑一》,以纪念妻子杨开慧:"我失骄杨君失柳,杨柳轻飏直上重霄九。问讯吴刚何所有,吴刚捧出桂花酒。寂寞嫦娥舒广袖,万里长空且为忠魂舞。忽报人间曾伏虎,泪飞顿作倾盆雨。"

"无情未必真豪杰,怜子如何不丈夫!"(鲁迅)伟人也有七情六欲,也有儿女情长。但我们不得不叹服,毛泽东忍受了常人无法忍受的悲痛,他的个人情感已经上升到了另一个高度,把自己强大的悲痛融入到伟大的事业中去,为了国家和民族的独立自由解放,忍痛奋斗,真正值得钦佩。

中也者,天下之大本也;和也者,天下之达道也

译文

中是天下最根本的道理,和是贯通天下的道。

解析

　　这句话还是说中和、适度,不走极端与两极。究竟怎样跳出两端,把握中和? 我们知道,所有的事物都有不及与过度两个临界点,在两个临界点之内的状态就是中和、适度,比如炒鸡蛋,首先得炒熟,且不能炒煳,在半生与炒煳之间的状态就是中和、适度,半生就是不及,炒煳了就是过分,我们做人做事既不能不及,又不能过分。万事万物一个理,所以老子说"治大国若烹小鲜"(《道德经》)。

　　人生要把握好十个度:

　　1. 胸怀要大度。天有多大,心就有多大;心有多宽,路就有多宽。人切勿小心眼嫉妒人,有多大胸怀做多大事。

　　2. 说话要适度。人生首先要管好自己的一张嘴,祸从口出,言多必失。

　　3. 工作要有力度。工作要提倡吃苦、吃亏,工作多投入,办事讲力度,推进求效率。

　　4. 事业有高度。为人一世要有理想目标,有了目标并为之奋斗终生,才会有事业的高度。

　　5. 寿命有长度。生命是由每分每秒的时间构成的,关键是要活出质量来。时时都有好心情,年年才有好身体,寿命有长度,才能饱览享受人生。

　　6. 读书有厚度。学历史使人深沉,学哲学使人明智,学数学使人严谨,学文学使人浪漫。博览群书,才能厚积薄发。

　　7.理论有深度。理论有深度,看问题才能举一反三,作决策才能游刃有余。

　　8.视野有宽度。多维视角看问题,才能全面而准确。切勿钻牛角尖,一条道跑到黑,要有进有退,迂回前进。

　　9.办事要有速度。人要善抓机遇,加大效应,做事讲速度,要效率。增强时间观念,守时才能守信,守信才能做事、交友、成大业。

　　10.劳累勿过度。长年过度劳累,会身心疲惫,长期处于亚健康状态,最后积劳成疾,缩短寿命。为此要学会减压释放,善于放弃、舍得、停止。工作会做减法,生命才能做加法。这是人生的辩证法。

　　诚哉斯言!许多人之所以生活没有方向、没有意义,或者乱如麻,或者空如野,或者碌碌无为,或者无所适从……不是不够努力,更不是运气不好,关键是没有把握好做人做事的度。度有时指尺度、限度,有时指时机,有时指具体的方式、方法。

　　总之,人不要活得太累,眼不要看得太窄,耳不要听得太顺,足不要走得太软,话不要说得太满,事不要做得太绝,身不要欲得太多,心不要想得太杂。

致中和,天地位焉,万物育焉

译 文

达到中和的境界,天地就各在其位,万物就生长发育了。

解 析

这句话可以从天道(自然规律)的角度理解,可以从人道(社会规律)的角度理解,也可以从每个人的人生去理解。只要天地万物、芸芸众生各安其所、各行其道,就能和谐共处、共生共荣。就拿人来说,男人是天,代表着勇敢坚强、快乐阳刚,像天空一样广阔无垠,生生不息,所谓"天行健,君子以自强不息";女人是地,代表着慈爱坚韧、温和宽厚,像大地一样浑厚宽广,孕育万物,所谓"地势坤,君子以厚德载物"。不管是男人还是女人,都要恪守其道、各尽本分。在一个家庭中,男人不做懦夫、武夫,要做顶天立地的大丈夫,领妻上道;女人不做弱妇、悍妇,要做柔和明理的贤内助,助夫成德。这样的夫妻才是志同道合、琴瑟和谐的,这样的家庭才是和顺美满、幸福快乐的,也只有这样的夫妻,才能养育出孝子贤孙,培养出栋梁之才。

另一方面,每个人的一生都要经历苦乐、得失、荣辱、生死等,我们决不能只要好的一面,不要坏的一面,全盘接纳就是,因为一切人和事物本无好坏之分,都在转化之中,祸福相依,不要强加分别,就像在一个球体上,无论点哪一个点,都是中。那样的话,无论我们遇到任何事情,一切的言行举止"皆中节",随心所欲不逾矩。能够包容接纳一切的人,才是圣人。所以,中和是包容、接纳,中和是一种圆融、舒畅的感觉。

恰如其分、恰到好处的中庸之道是人生的最高境界和最大学问。人生在世,时时都要明时机、知进退,当进则进,当退则退。不知进退,结果往往事与愿违。

春秋时期,吴越争霸,吴王夫差打败了越国。越国大夫范蠡和文种商议后,决定由文种留守老家,范蠡则随越王勾践夫妇到吴国去当奴隶,在勾践身边保驾。范蠡和勾践一起在吴国受尽了折磨,费尽了心血,使用文种的灭吴七计,逐步实施复仇计划,其中包括七计之一的美人计。吴王夫差被西施的美貌冲昏了头脑,听信谗言,把吴国的忠臣伍子胥杀了。后来,越王勾践终于得以复仇,灭了吴国。灭吴之后,范蠡对文种说:"功成身退,这是规律,我们该走了。"文种虽然聪明多智,但是也有糊涂的时候。

范蠡退隐,泛舟太湖。文种认为自己功劳很大,封赏后就可以安享尊荣、平安到老了。范蠡走后,勾践日思夜想,怀念的都是他的种种好处,于是为范蠡塑了铜像,走出走进都看着他,以慰渴思,对文种却无所表示。后来文种有点感觉到了,觉得范蠡很可能是对的,可又不太甘心,于是就称病不出,想试探一下勾践的反应。

有一天,勾践以探病为名,来到文家。文种睡在床上装病不起。勾践坐在卧榻之前,先来一番嘘寒问暖的废话,然后渐渐说到正题上来。他问文种:"你从前为我定下七个灭吴计策,只用了三个,吴国就被灭掉了。还剩下四个计策没用,你说那四个计策怎么办呢?"这话完全出乎文种的预料,他便支支吾吾地说:"臣不知所用。"勾践说:"既然你不知所用,我看,就这么办吧,现在夫差已经到地狱里去了,你也到地下去再跟他打交道吧。"临走时把自己的佩剑故意留了下来。勾践深怕文种没听懂他刚才的话,或是听懂了装糊涂,这一留剑,意思就清清楚楚了。文种见此,已是走投无路,只好大叫一声:"悔不听范蠡之言!"然后自杀身亡。

文种立下了绝世功勋却因忽略"中庸"二字,不知进退,没能逃脱"狡兔死,走狗烹"的厄运。

历史往往有着惊人的相似,但每个人为人处世的方式不同,结局就会大相径庭,其中的奥妙就看谁能守得住中庸之道!曾国藩就能把握事情的尺度与分寸,从而把握住了自己的命运。

清朝末年,重臣曾国藩回湖南组建湘军,先后攻克太平军控制的几个重要城市,最后攻陷金陵,曾国藩也因此受封一等侯爵。也就是在这时,曾国藩发现他的湘军总数已达三十万众,并且成为一支只听命于他本人,除此之外谁也调动不了的私人武装部队。曾国藩深知顾命大臣功高震主的利害关系,于是开始自削兵权,目的就是要消除朝廷对他的顾虑,使自己依然得到信任和重用。

后来的事实证明,曾国藩此举是明智的,他也更加得到朝廷的信赖。

检 测

一、填空

1. 《中庸》的作者是子思,又名_____,_____著名的思想家。文章阐述了_____,提出"大本"(中)、"达道"(和)的观点,理论基础是_____。提倡人们应该诚心诚意地进行自我约束、自我教育和自我修养,达到_____的境界。从而正确处理人际关系,并以此治理好国家,最终达到天下太平,和谐发展的目标。

2. "天命之谓性"中的"性"指人性中_____的天性。

3. "道也者,不可须臾离也,可离非道也。"是说道就在我们的日常生活中,但最易被人_____。我们不要忘记了从平常的生活中悟出道来,_____,平凡中才能真正孕育出伟大。

4. "是故君子戒慎乎其所不睹,恐惧乎其所不闻。莫见乎隐,莫显乎微,故君子慎其独也。"此段话的中心词是_____,是君子修养的高境界。

二、问答

1. 什么是中庸之道?

2.儒家的学问,不是单纯的知识,而是一套完整的修学体系。我们可以把下列内容当作一个修养的口诀:

儒家思想体系概括为:

一种思想:心法(或中庸之道)

两个核心:礼(外在)、仁(内在)

三达德:智、仁、勇 (《中庸》)

三纲:明明德、亲民、止于至善(《大学》)

四科:文、行、忠、信 (《论语》)

五经:《诗》《书》《礼》《易》《春秋》

五伦:父子有亲,君臣有义,夫妇有别,长幼有序,朋友有信(《孟子·滕文公上》)

五达道:君臣、父子、夫妇、昆弟、朋友(《中庸》)

六艺:礼、乐、射、御、书、数

七教:敬老、尊齿、乐施、亲贤、好德、恶贪、廉让(《孔子家语》)

八目:格物、致知、诚意、正心、修身、齐家、治国、平天下(《大学》)

八德:孝、悌、忠、信、礼、义、廉、耻

九思:视思明、听思聪、色思温、貌思恭、言思忠、事思敬、疑思问、忿思难、见得思义 (《论语》)

九经:修身、尊贤、亲亲、敬大臣、体群臣、子庶民、来百工、柔远人、怀诸侯(《中庸》)

十义:父慈、子孝、兄良、弟悌、夫义、妇听、长惠、幼顺、君仁、臣忠 (《礼记·礼运》)

把口诀背下来,认真体会,落实到实践中,就可以少犯很多过失,与人沟通做事,效率也会提高。

附 录

经典诵读拓展训练

填写下列名句的上句或下句(后面所附为名句出处)

1. 如切如磋,_____。(《诗经·卫风》)

2. _____,可以攻玉。(《诗经·小雅》)

3. 投我以桃,_____。(《诗经·大雅》)

4. _____,谦受益。(《尚书·大禹谟》)

5. 辅车相依,_____。(《左传》)

6. 皮之不存,_____。(《新序·杂事》)

7. 欲加之罪,_____。(《左传》)

8. _____,孰能无过?过而能改,善莫大焉。(《左传》)

9. 知人者智,_____。(《老子》)

10. _____,美言不信。(《老子》)

11. 为学日益,_____。(《老子》)

12. _____,疏而不漏。(《老子》)

13. 大直若屈,_____,大辩若讷。(《老子》)

14. 祸兮福之所倚,_____。(《老子》)

15. 合抱之木,生于毫末;九层之台,起于累土;_____,

_____。(《老子》)

16. _____,行必果。(《论语·子路》)

17. 既来之,_____。(《论语·季氏》)

18. _____,夕死可矣。(《论语·里仁》)

19. _____,不悱不发。(《论语·述而》)

20. 敏而好学,_____。(《论语·公冶长》)

21. _____,勿施于人。(《论语·颜渊》)

22. 仰之弥高,_____。(《论语·子罕》)

23. _____,诲人不倦。(《论语·述而》)

24. 人无远虑,_____。(《论语·卫灵公》)

25. _____,不亦说乎?(《论语·学而》)

26. _____,必先利其器。(《论语·卫灵公》)

27. 君子坦荡荡,_____。(《论语·述而》)

28. _____,思而不学则殆。(《论语·为政》)

29. _____,仁者不忧,勇者不惧。(《论语·子罕》)

30. 知之为知之,_____,是知也。(《论语·为政》)

31. 知之者不如好之者,_____。(《论语·雍也》)

32. 其身正,不令而行;_____,_____。(《论语·子路》)

33. _____,_____;择其善者而从之,其不善者而改之。(《论语·述而》)

34. 一张一弛,_____。(《礼记·杂记》)

35. 大道之行,_____。(《礼记·礼运》)

36. 凡事预则立,_____。(《礼记·中庸》)

37. _____,教然后知困。(《礼记·学记》)

38. 独学而无友,_____。(《礼记·学记》)

39. _____,_____,人不学,不知道。(《礼记·学记》)

40. _____,智者见智。(《易经·系辞上》)

41. _____,人以群分。(《易经·系辞上》)

42. 路漫漫其修远兮,_____。(《离骚》)

43. _____,哀民生之多艰。(《离骚》)

44. _____,寸有所长。(《楚辞·卜居》)

45. _____,不如无书。(《孟子·尽心下》)

46. 生于忧患,_____。(《孟子·告子下》)

47. _____,失道者寡助。(《孟子·公孙丑下》)

48. _____,社稷次之,君为轻。(《孟子·尽心下》)

49. 穷则独善其身,_____。(《孟子·尽心上》)

50. _____,地利不如人和。(《孟子·公孙丑下》)

51. 富贵不能淫,_____,威武不能屈。(《孟子·滕文公下》)

52. _____,_____;幼吾幼,以及人之幼。(《孟子·梁惠王上》)

53. _____,金石可镂。(《荀子·劝学》)

54. 青,取之于蓝,_____。(《荀子·劝学》)

55. _____,而知也无涯。(《庄子·养生主》)

56. 知己知彼,_____。(《孙子兵法·谋攻》)

57. _____,动如脱兔。(《孙子兵法·九地》)

58. 博学之,审问之,_____,_____,笃行之。

(《中庸》)

59. 十年树木，_____。(《管子·权修》)

60. _____，衣食足而知荣辱。(《史记·管晏列传》)

61. 塞翁失马，_____。(《淮南子·人间训》)

62. _____，不如退而结网。(《汉书·董仲舒传》)

63. 流水不腐，_____。(《吕氏春秋·尽数》)

64. _____，毁于蚁穴。(《韩非子·喻老》)

65. 以子之矛，_____。(《韩非子·难一》)

66. _____，未为迟也。(《战国策·楚策》)

67. _____，民不妄取。(《战国策·秦策》)

68. 前事不忘，_____。(《战国策·赵策》)

69. _____，渔翁得利。(《战国策·燕策》)

70. 战无不胜，_____。(《战国策·齐策》)

71. _____，女为悦己者容。(《战国策·赵策》)

72. 风萧萧兮易水寒，_____。(《战国策·荆轲刺秦王》)

73. _____，黄雀在后。(《吴越春秋》)

74. _____，意在沛公。(《史记·项羽本纪》)

75. 不鸣则已，_____。(《史记·滑稽列传》)

76. _____，积毁销骨。(《史记·张仪列传》)

77. 桃李不言，_____。(《史记·李将军列传》)

78. _____，差之千里。(《史记·太史公自序》)

79. _____，决胜千里之外。(《史记·高祖本纪》)

80. _____，良药苦口利于病。(《增广贤文》)

81. 人固有一死，_____，或轻于鸿毛。(《史记·报任安书》)

82. 智者千虑，_____。(《史记·淮阴侯列传》)

83. 绳锯木断，_____。(《汉书·枚乘传》)

84. _____，人至察则无徒。(《汉书·东方朔传》)

85. 少壮不努力，_____。(《汉乐府·长歌行》)

86. 精诚所至，_____。(《后汉书·广陵思王荆传》)

87. _____，其实难副。(《后汉书·黄琼传》)

88. _____，不得虎子。(《后汉书·班超传》)

89. _____，糟糠之妻不下堂。(《后汉书》)

90. 志士不饮盗泉之水，_____。(《后汉书》)

91. _____，死而后已。(《后出师表》)

92. _____，非宁静无以致远。(《诫子书》)

93. _____，勿以善小而不为。(《三国志·蜀书·先主传》)

94. 读书百遍，_____。(《三国志》)

95. 采菊东篱下，_____。(东晋·陶渊明《饮酒》)

96. _____，路人皆知。(《三国志》)

97. 近朱者赤，_____。(西晋·傅玄《太子少傅箴》)

98. _____，一日之计在于晨。(南朝·萧铎《纂要》)

99. _____，不为瓦全。(《北齐书》)

100. _____，殃及池鱼。(《檄梁文》)

附 经典诵读拓展训练答案

1.如琢如磨 2.他山之石 3.报之以李 4.满招损 5.唇亡齿寒 6.毛将焉附 7.何患无辞 8.人非圣贤 9.自知者明 10.信言不美 11.为道日损 12.天网恢恢 13.大巧若拙 14.福兮祸之所伏 15.千里之行,始于足下 16.言必信 17.则安之 18.朝闻道 19.不愤不启 20.不耻下问 21.己所不欲 22.钻之弥坚 23.学而不厌 24.必有近忧 25.学而时习之 26.工欲善其事 27.小人长戚戚 28.学而不思则罔 29.知者不惑 30.不知为不知 31.好之者不如乐之者 32.其身不正,虽令不从 33.三人行,必有我师焉 34.文武之道也 35.天下为公 36.不预则废 37.学然后知不足 38.则孤陋而寡闻 39.玉不琢,不成器 40.仁者见仁 41.物以类聚 42.吾将上下而求索 43.长太息以掩涕兮 44.尺有所短 45.尽信书 46.死于安乐 47.得道者多助 48.民为贵 49.达则兼济天下 50.天时不如地利 51.贫贱不能移 52.老吾老,以及人之老 53.锲而不舍 54.而青于蓝 55.吾生也有涯 56.百战不殆 57.静如处女 58.慎思之,明辨之 59.百年树人 60.仓廪实而知礼节 61.焉知非福 62.临渊羡鱼 63.户枢不蠹 64.千里之堤 65.攻子之盾 66.亡羊补牢 67.道不拾遗 68.后事之师 69.鹬蚌相争 70.攻无不克 71.士为知己者死 72.壮士一去兮不复还 73.螳螂捕蝉 74.项庄舞剑 75.一鸣惊人 76.众口铄金 77.下自成蹊 78.失之毫厘 79.运筹帷幄之中 80.忠言逆耳利于行 81.或重于泰山 82.必有一失 83.水滴石穿 84.水至清则无鱼 85.老大徒伤悲 86.金石为开 87.盛名之下 88.不入虎穴 89.贫贱之交不可忘 90.廉者不受嗟来之食 91.鞠躬尽瘁 92.非淡泊无以明志 93.勿以恶小而为之 94.其义自见 95.悠然见南山 96.司马昭之心 97.近墨者黑 98.一年之计在于春 99.宁为玉碎 100.城门失火